À la découverte de l'Asie

Groupe Eyrolles
61, bd Saint-Germain
75240 Paris cedex 05

www.editions-eyrolles.com

Rany Keo Kosal

Danielle Birken

À la découverte de l'Asie

Mieux comprendre ses pensées
et ses pratiques

EYROLLES

Nous tenons à remercier nos familles et tous les amis qui nous ont fortement soutenues dans ce projet. Un grand merci en particulier à celles et ceux qui ont eu l'amitié de consacrer leur temps à nous relire et à nous éclairer de leurs commentaires.

Nous remercions tout spécialement Nathalie Neels, artiste designer professionnelle, pour la création des dessins illustrant le chapitre sur la Communication.

À mes enfants, Ondine Kim et Edouard Tuan-An
À ma fille Thanh-Annaëlle

Table des matières

Groupe Eyrolles

Groupe Eyrolles

Groupe Eyrolles

Introduction

L'idée de ce livre est née d'une rencontre. Rencontre entre deux femmes, l'une asiatique, Rany, et l'autre française, Danielle, partageant un point commun très fort : l'adoption d'un bébé vietnamien. C'était lors d'une conversation, ou plutôt d'un partage de sentiments mêlés ressentis par Danielle lors d'un long séjour à Hanoi, qu'a jailli le projet de ce livre sur les différences culturelles entre l'Asie et l'Occident.

Danielle avait habité New York, voyagé en Europe, au Moyen-Orient, en Amérique du Nord et du Sud. Elle n'avait jamais mis les pieds en Asie. Plongée du jour au lendemain au Vietnam du Nord pour y adopter sa fille, elle découvrit jour après jour une réalité qu'elle ne connaissait que dans les livres. Au fil de son séjour, elle eut la chance de vivre au cœur d'une famille vietnamienne. Elle noua un dialogue sincère avec quelques médecins rencontrés à l'université, tandis qu'une étudiante lui servit de guide pour visiter la ville, faire du shopping, déguster des mets réservés aux autochtones. Une jeune Vietnamienne rencontrée au Temple de la Littérature l'invita même à un banquet familial dans la campagne la plus simple autour de Hanoi. Frappée par la jeunesse du pays, sa vitalité et son art de vivre, elle en partagea les souffrances. De retour en France, elle eut envie d'en savoir plus. Elle voulait s'attacher profondément à ce continent qui lui avait donné sa fille.

Tandis que Rany, née à Phnom Penh de père sino-khmer et de mère vietnamienne, arrivée en France depuis plus que quarante ans, a ressenti ces deux dernières années la nécessité de retrouver ses racines asiatiques. L'occasion lui en a été donnée par l'écriture de ce livre. Il lui a fallu voyager à travers sa propre histoire pour « repenser » comme une Asiatique et aller à la recherche d'une identité déjà trop fondue ou diluée dans une culture occidentale inculquée dès sa jeune enfance. Elle a découvert très jeune la culture française grâce aux sœurs missionnaires qui lui ont appris à aimer non seulement la langue française, mais également l'histoire de la France qu'elle a presque faite sienne en poursuivant ses études à Paris. Bien des années plus tard, lorsqu'elle est revenue en Asie, c'est précisément au Vietnam où elle a une partie de ses racines qu'elle a adopté son fils.

Notre approche se veut attrayante, comme une invitation au voyage pour amener la curiosité du lecteur vers quelques points de différences ressentis et vécus en Asie comme en Occident. Chaque chapitre est introduit par une nouvelle qui se passe en Asie, créée de toutes pièces comme point de départ de la réflexion. Ensuite, chacune a pu apporter des éclairages sur les différents thèmes sélectionnés à travers son vécu et ses émotions… de la vie à la souffrance, en passant par la communication, le temps, la nourriture, l'homme et la femme, la famille, l'enfant, l'argent et la société.

L'Asie est immense. Nous n'avons pas pu vous emmener dans tous les pays. Nous tenons à préciser que le choix des pays est délibéré : ce sont ceux où l'une ou l'autre avons vécu ou séjourné. Quant à l'Occident, il est contrasté. Parler de généralités, c'est s'exposer à toutes les critiques.

Passionnées, nous avons tenté cependant le pari, mettant en exergue des grandes tendances qui peuvent à nos yeux distinguer ces deux mondes. Nous les avons illustrées en prenant parfois quelques pays en exemple. Nous sommes bien conscientes que l'effort entrepris est risqué. D'abord parce que nous ne sommes ni l'une ni l'autre des expertes. Simplement des femmes que leur destinée a conduites à intégrer les différences, à les aimer même.

Ce livre est né de notre dialogue, fidèle et vivant. Nous nous sommes attachées à utiliser nos ressentis sur des thèmes très concrets du quotidien. Il s'agissait de faire émerger, en langage simple et vivant, l'originalité de chacune des visions pour éclairer aussi bien la vie personnelle que professionnelle. Dans le développement de chaque chapitre, se trouvent des explications parfois philosophiques, parfois plus pragmatiques.

Nourrie de sagesse occidentale, Danielle a prêté sa plume à l'expression d'un Occident difficile à cerner… entre tradition et modernité, construction européenne et mondialisation, philosophies, statistiques et ressentis. Pour exprimer l'Asie, Rany a utilisé son vécu et son expérience tirés de son éducation familiale et de son expatriation à Hong-kong pendant dix ans. Sa vie professionnelle d'alors l'a conduite à parcourir plusieurs pays d'Asie. Il est clair que les explications données par l'une et l'autre ne sont nullement académiques ou universelles : elles ont pour simple objectif de soulever des questions qui pourraient être l'objet de futurs livres.

Groupe Eyrolles

Chapitre 1

La vie

« *La vie de l'homme est comme une chandelle dans le vent.* »
Proverbe chinois

À Shanghai

Trouver l'amour, faire fortune, voyager, accomplir de grandes choses ? Arnaud ne sait pas trop. Il est à la croisée des chemins. Il a des choix à faire. Passionné par la vie, il veut toujours plus. On lui propose l'Asie ! Il se demande s'il va accepter ce nouveau défi. Que disait Platon déjà ? : « La vie est un court exil. » *Affalé sur son lit, son esprit est confus. Partir en Asie, c'est quitter son confort de pensée. Il voudrait dormir, ne trouve pas le sommeil, feuillette machinalement un livre :* « Nous sommes des coques vides… Nous remplissons nos vies de ceci ou cela. Et cette coque fait beaucoup de bruit, et ce bruit nous l'appelons vivre… »

Ce bruit, c'est sa vie ? Tout lui réussit, et pourtant quelque chose ne va plus. Commercial dans l'art de la table, il est obsédé par le chiffre à développer, la marge à dégager, le personnel à gérer. Il ne s'est jamais posé la question de ses propres valeurs : santé, famille, amour, travail.

Groupe Eyrolles

Penser à soi, trouver son chemin, se débarrasser du poids des confor-
mismes… Ses bagages sont prêts. Une impression étrange le traverse.
Reviendra-t-il indemne ?

Arrivé à Shanghai, seule certitude, il est attendu à l'aéroport. Légère-
ment en retrait dans la file d'attente, le costume froissé, le teint gris, il
pousse du pied sa Delsey noire à chaque avancée de la file. Quinze
mètres d'Asiatiques attendent, statiques, devant lui. Ils conversent
bruyamment. Arnaud les dépasse d'une tête au moins. Il scrute de loin
le contrôle des passeports, calcule le temps passé avec chaque voyageur,
soupire, s'impatiente. Le visage défait, il arrive devant la douanière et
lui tend le passeport accompagné d'un good morning. *Elle s'en saisit*
sans un mot, l'examine page après page. Voilà la photo. Elle jette un
regard sur Arnaud. Elle pianote sur l'ordinateur, vérifie à nouveau le
passeport. Arnaud retient son souffle, le corps raidi par l'attente. Il
quitte le bureau de contrôle.

Ses bagages l'attendent… Nothing to declare… *il sort, cherche fébrile-*
ment des yeux une pancarte à son nom et l'aperçoit enfin au milieu
d'une masse grouillante. Il se dirige vers elle : « M. Marin ? Je suis Ting
Ting, votre guide. » Une jeune chinoise lui présente sa carte de visite. Il
lui tend la main instinctivement. Elle effleure les doigts tendus et retire
aussitôt sa main. Il se souvient : en Asie on ne serre pas la main.

Ils traversent l'aéroport bondé, marchant côte à côte. Des enfants cou-
rent, crient dans tous les sens. Des gens s'interpellent, se bousculent, les
séparant parfois. Arnaud ralentit le pas pour rester à côté de Ting
Ting.

Soudain, happé par un groupe, il ne la voit plus. Tous les visages se
ressemblent : yeux noirs, bridés, cheveux sombres, raides. Des regards
furtifs le dévisagent. Il s'arrête. Des gens s'immobilisent. Un couple
mixte ? Quelques-uns se regroupent autour d'eux, les voilà cernés.
Que nous veulent-ils ? Un sourire en guise de réponse et un peu de cou-
leur sur les joues, Ting Ting l'interpelle : « C'est par ici, M. Marin. »

Une voiture les attend à la sortie. Pendant le trajet jusqu'à l'hôtel, Ting Ting échange quelques mots avec le chauffeur. Arnaud laisse défiler le paysage devant ses yeux. Il aperçoit ici et là des petits groupes de Chinois qui se déplacent au ralenti. Sur le Bund, quelques vieux exécutent lentement un enchaînement de mouvements. De la gymnastique, une cérémonie ? s'étonne Arnaud. Oui, c'est du Tai Chi Chuan, explique Ting Ting brièvement avant de déposer Arnaud devant son hôtel.

Le soir, Ting Ting doit inviter Arnaud chez Crystal Jade, un des célèbres restaurants cool de Shanghai. Elle est chargée par l'agence de promouvoir la ville. Il l'écoute, guettant la première occasion pour lui poser des questions plus personnelles. « Et vous, pourquoi avez-vous choisi d'être guide ? » *C'est son père qui a décidé que c'était un bon métier pour une fille. Elle pourrait ainsi attirer des clients vers son magasin de souvenirs.*

« Et vous avez obéi à votre père ? » *Ting Ting dans un long monologue, décrit les principes de Confucius inculqués par sa grand-mère : le respect des parents, le culte des ancêtres, les devoirs envers la famille, la communauté, le pays. Arnaud n'en croit pas ses oreilles… Il s'enhardit.* « Vous parlez très bien français, vous pourriez venir travailler à Paris. » *Ting Ting baisse les yeux, hoche la tête, réfléchit un instant :* « Si c'est dans mon karma, j'irai travailler en France. » *Sa grand-mère lui répétait souvent :* « Ma petite fille, la roue tourne, un jour prochain ton tour viendra. »

Si c'est écrit, cela se fera. Vous n'êtes pas libre de décider de votre vie. Libre ? Ting Ting n'en saisit pas totalement le sens. Depuis sa naissance, sa vie est liée à celle de sa famille, elle en partage le déroulement : l'école, les études, tout est déjà décidé. Le but, c'est le cheminement harmonieux, fil conducteur de toute vie. Dans l'instant, Arnaud décide d'emprunter ce chemin et d'accueillir les valeurs que l'Asie lui offrira.

Groupe Eyrolles

Raison et réussite en Occident

Arnaud est le prototype de l'homme occidental moderne. Il tient à une vie pleinement réussie. La vie, il n'en a qu'une, avec un commencement et une fin. Il ne veut pas se tromper. Mystère, élan, jaillissement spontané, indéterminé, cette vie met en mouvement le monde des vivants.

Un regard mécaniste sur la vie ?

Pourtant, sous l'influence de la pensée cartésienne, l'Occident pose souvent un regard mécaniste sur la vie. Il est tenté de la réduire aux lois de la matière, lois physiques et chimiques. Sous l'influence des sciences et de la médecine, les corps vivants sont vus un peu comme des machines qui fonctionnent, soumises surtout aux lois de la matière.

Qu'est-ce que le cartésianisme ?

C'est un courant de pensée inspiré du philosophe René Descartes. Sa caractéristique est de douter de l'expérience sensible. La connaissance n'a pas d'autres voies que celle de l'esprit. Les sens, les ressentis nous trompent, ils ne peuvent mener à aucune certitude. Le cartésianisme coupe l'homme de son expérience sensible. Quand l'esprit cherche la vérité, il emprunte le chemin de *« l'intuition évidente »* et la *« déduction nécessaire »*. Selon ce système, tout serait donc logique, rationnel, à partir d'évidences intellectuelles. Or, dans un monde complexe où les divers éléments sont en interaction permanente les uns avec les autres, l'intuition n'est pas toujours évidente. Ce qui rend le cartésianisme limité pour rendre compte du réel.

Dans le même temps, l'homme occidental sent confusément que les explications scientifiques ne suffisent pas à rendre compte de ce qu'est la vie. Il y a autre chose. Claude Bernard n'admet-il pas que le vivant

Groupe Eyrolles

est irréductible aux lois de la matière et inexplicable mécaniquement ? Ce qui le distingue, c'est l'existence, en lui, d'une finalité.

La finalité, le sens de la vie

En Occident, la finalité est inhérente à la vitalité. La vie n'agit pas dans tous les sens. À partir d'un jaillissement initial, elle s'oriente dans une direction… elle a un sens, une idée directrice. Un principe interne guide le vivant vers une finalité qui lui est propre. L'olivier, le plan de tomate, l'huître, la girafe…, et avec eux tout le monde animal et végétal ont une finalité fixée par leur nature d'olivier, de tomate, d'huître et de girafe. Cette nature en règle les comportements en détail.

L'homme aussi est guidé par une finalité. Une chose le sépare des autres êtres vivants, ses comportements sont fixés de sa propre initiative, avec une marge de manœuvre non négligeable par rapport à ce que la nature propose. Chacun d'entre nous regarde la réalité avec des lunettes différentes, forgées par ses origines, son éducation, sa culture. Il donne du sens à cette réalité et oriente ses choix de vie à partir de là. L'homme se donne la liberté de faire, avec ce qu'il est, ce que sa volonté choisit. Même handicapé, je peux devenir champion… interné en camp de concentration, je peux continuer à prier… dans la souffrance, je peux rester joyeux et créatif.

Cette vision marque profondément les représentations occidentales du monde. La question du pourquoi, du sens des choses et des événements est cruciale. La culture occidentale fonctionne de façon linéaire, elle cherche à remonter dans l'ordre des causes de ce qui existe. Pourquoi y a-t-il quelque chose plutôt que rien, comment est-ce bâti, comment cela marche-t-il, en quoi est-ce fait ? Voilà les questions coutumières de l'esprit humain.

Ce modèle, Arnaud le suit, inconsciemment. Il choisit sa vie en se fixant des buts qui donnent un sens à son existence. La volonté individuelle est mise en avant. Sa vie, il n'en a qu'une. Elle a un commencement et une fin, comme pour tout le monde. La condition humaine s'inscrit sur une terre qui a une origine dans le temps : création d'un Dieu transcendant ou génération spontanée à partir d'un *big-bang* initial…

Cette terre aura sans doute aussi un terme, tout comme la vie d'Arnaud dont les jours sont comptés. Naît alors ce rapport grave et tragique à la destinée de l'homme qui doit accomplir sa vie.

L'homme et la vie en Asie

Vivre grâce au Qi

« Accomplir sa vie ? » Quel sens les Asiatiques donnent-ils à cette expression ? L'accomplissement de la vie se définit, en Asie, par rapport aux liens harmonieux tissés avec son environnement. Les relations avec les autres, proches ou lointains, ne peuvent se développer et s'articuler qu'en respectant cet ordre établi.

Selon la philosophie chinoise, la vie ou plutôt la création de la vie se conçoit à travers le « Souffle » initial ou le *Qi*, loi universelle régissant tous les phénomènes, qu'ils soient systèmes matériels ou relationnels. Ce souffle est basé sur deux éléments opposés et complémentaires : au *Yin* passif répond le *Yang* actif. Le *Yin*, c'est la force de la terre, la Mère représentée par un phénix ; le *Yang*, c'est la force du ciel, le Père représenté par un dragon. Ces deux forces se complètent et sont indissociables.

Le *Qi* ou le souffle vital

C'est l'énergie invisible qui habite tous les êtres vivants et inanimés (en chinois, 氣 / 气 (炁) ou *ki*) (en japonais, kanji 気). En chinois, *Qi* signifie textuellement « vapeur », « fluide », « influx », « énergie ». Le concept du *Qi* existe donc dans tous les phénomènes de la nature.

« C'est par la pratique régulière du Tai Chi que l'on parvient à maîtriser ce dernier Souffle. Pour permettre ce retour d'équilibre entre le

Groupe Eyrolles

Yin et le Yang il faut "être et vivre au présent" c'est-à-dire "ici et maintenant" », écrit François Cheng.

Pour les Asiatiques, l'origine de la création ne se pose pas : le monde est, il est donc accepté du fait de son existence même. Il existe parce que nous croyons qu'une énergie l'a créé, l'y habite et l'enrichit. Cette énergie gouverne donc tous les mouvements de l'univers, à la fois des astres et de toutes les manifestations terrestres, humaines, animales et végétales. En complémentarité au *Qi* qui régit tous ces mouvements vitaux, s'ajoute le concept d'un système de cycles, du jour et de la nuit, de la vie et de la mort, des saisons qui s'alternent et qui recommencent.

Dans *Le Dit de Tianyi*, François Cheng explique que, « *au centre du Grand Vide, nous saurons capter le souffle qui relie Ciel et Terre, ici et ailleurs, et pourquoi pas, passé et futur* ».

Le choix d'être

Pour Ting Ting, symbolisant les valeurs asiatiques, sa vie s'accomplit et s'épanouit dans le développement de ses propres relations avec les autres et avec son environnement. Au mode occidental d'« avoir », s'appuyant sur les valeurs matérielles et le besoin à la fois de contrôler et posséder, s'oppose en Asie le mode d'« être » reposant sur les valeurs humaines. C'est dans ce sens que s'inscrit également la philosophie indienne établissant la différence entre « individu », produit purement matériel, et « personne », seule capable d'atteindre l'état d'émerveillement ou le *nirvana*.

Suivre le Tao ou la voie

C'est aussi le *Tao*, ou la voie à suivre, dont le mode d'expression est d'« être ». Les espèces végétales, animales et humaines sont, existent de par elles-mêmes. Le taoïsme s'exprime par la voix de son fondateur, Lao-Tseu, qui a vécu il y a 2 500 ans : « *Les êtres multiples du monde feront retour chacun à leur racine. Faire retour à la racine, c'est être serein ; être serein, c'est retrouver le destin. Retrouver le destin, c'est le constant. Connaître le constant, c'est l'illumination.* » C'est en progressant constamment que Ting Ting peut vivre en harmonie avec le *Tao*. Elle pourra hésiter entre ce qu'elle veut être à l'avenir, grâce à son intelligence et à son ouverture vers le monde (c'est le « *Tao qui devient* », apporté par les événements extérieurs) ou se contenter de sa situation actuelle en suivant les conseils de ses parents, être l'interprète des hommes d'affaires occidentaux (c'est le « *Tao qui est* », venant de l'intérieur, de sa propre intuition).

À celui de la voie et de la vertu, le taoïsme ajoute deux autres concepts : le « non-agir » ou *Wu-wei* et le « retour à l'origine » des choses ou *Fu*. Si pour l'instant, Ting Ting semble suivre le chemin tracé par la volonté de ses parents, ceci ne signifie nullement qu'elle reste dans l'inaction. Elle attend une circonstance qui pourra changer sa vie, sans aller à l'encontre de leurs désirs. Pour avancer, elle a besoin de comprendre les traditions qui lui sont apportées par sa grand-mère.

« *Dans le Tao, il y a de la réalité, de l'efficacité, mais il n'agit, ni n'a de forme. On peut l'obtenir, mais non pas le voir. Il est à lui-même tronc et racine. Avant qu'il n'y ait eu Ciel et Terre, il a existé de toute éternité. Il donne leur pouvoir aux esprits des morts et des ancêtres royaux ; il donne la vie au Ciel et à la Terre* », écrit Zhuangzi (369-286 av. J.-C.).

Le taoïsme

Le taoïsme puise ses principes dans le *Tao-To-King* (*Tao* = voie ; *to* = vertu et *king* = livre sacré) ou *Livre de la Voie et de la Vertu*, attribué à Lao-Tseu. Le taoïste est celui qui cherche la voie de la conduite à suivre sur son chemin de la vie : il cherche à découvrir ce qui est stable dans un monde en perpétuel changement.

Idéogramme chinois du Tao

Apprendre jusqu'à la perfection

Dans la philosophie chinoise, le moyen d'atteindre cet état d'harmonie s'effectue par l'application d'une discipline permanente. *« Apprendre quelque chose pour pouvoir le vivre à tout moment, n'est-ce pas là une source de plaisir ? »*, enseignait Confucius.

Par exemple, l'apprentissage ou la pratique d'un art martial, tel le *Tai Chi Chuan* ou le *Gi Gong*, permet de se perfectionner constamment pour mieux vivre en harmonie avec le monde. On ne peut vivre en harmonie avec le monde que lorsque l'on a trouvé en soi l'équilibre. L'exercice du *Tai Chi*, ou « boxe de l'ombre », permet de sentir cette énergie à travers notre corps, de l'augmenter afin de combattre les maux de la vie quotidienne (la fatigue, l'effort, le stress dans le travail, les conflits…). Cet apprentissage nous permet d'atteindre le contrôle de soi. Des effets positifs sont ressentis sur tout le métabolisme : par la fluidité des mouvements, les exécutants arrivent à dominer et à équilibrer les différentes fonctions du corps, quelles soient nerveuses, circulatoires ou respiratoires.

Les Asiatiques donnent toujours l'impression qu'ils n'en ont jamais assez d'apprendre. Ils veulent toujours s'améliorer : cette perfection de soi est innée et dictée par quelque chose d'inexplicable. Les événements de la vie, heureux ou malheureux, sont riches d'enseignements et servent de leçons, à moins d'offrir de nouvelles perspectives à suivre. Pour ces raisons, il faut être à l'écoute afin d'apprendre et encore apprendre.

La « roue de la vie » tourne indéfiniment…

Contrairement à Arnaud, Ting Ting ne se fixe pas un but défini et personnel dans la vie. Sa naissance ? Elle la doit à ses parents qui la doivent à leurs parents qui, eux-mêmes, la doivent à leurs parents, et ainsi de suite : cet enchaînement de naissances et de morts fait partie d'un ensemble plus large, que nous appelons la « roue de la vie ». C'est cette roue en constant mouvement qui régit nos vies, faites de joies, de souffrances, de désirs, de réussites, d'échecs, de ruptures et de retrouvailles.

Certes, l'Asiatique croit en son *karma*, sorte de destinée qui va décider de sa vie, mais il subit également l'héritage des actions de ses ancêtres : ses épreuves ou ses réussites s'expliquent par les méfaits ou les bienfaits générés par ses parents et ses grands-parents.

Que représente la vie en Occident ?

L'attachement à la vie

Vivre ? En Occident, c'est naître, croître, se développer. Une semence de vie est déposée par nos parents. Nous la portons en nous comme un levain dans la pâte – être, corps, âme, esprit. Elle ne demande qu'à lever.

L'attachement de l'homme occidental à sa vie est très lié à la façon dont il se voit dans le monde. Il se pose en maître de la vie qui lui est confiée. Il veut la conduire. Il en cherche les causes historiques. Qui l'a engendré ? Comment a-t-il grandi ? Quels sont ses talents innés, ses héritages culturels ? Ne doit-il pas chercher à valoriser ce qui lui est confié par Dame Nature et Dame Famille ? Il en définit des raisons de vivre pour le futur. Que veut-il ? Quelles sont ses inspirations, ses buts, son projet de vie ? Toute la psychologie moderne lui conseille de se détacher de ses héritages pour s'attacher à qui il est, de façon unique et irremplaçable…

L'homme a besoin de comprendre le monde qui l'environne. Il cherche la raison d'être de ce qu'il voit. La culture occidentale fonctionne principalement à la rationalité linéaire. Elle est directement inspirée de la philosophie grecque qui modela l'âme occidentale, chrétienne, humaniste.

Qu'est-ce que la philosophie grecque ?

La philosophie est née en Grèce, à Milet, sur les côtes de l'actuelle Turquie qui abritaient, au VIe siècle av. J.-C., des colonies grecques. Ce berceau géographique était admirable : transparence de l'air, montagnes, pins, cyprès, oliviers, azur du ciel formaient les peuples à la contemplation de la nature. Ces pionniers de la pensée sont avant tout curieux. Regarder, savoir, comprendre est pour eux une nécessité quotidienne. Ils pressentent que la mythologie est quelque peu enfantine. Pour la première fois dans l'histoire de l'humanité, l'homme essaie de penser le monde, sa condition, ses relations avec les autres en dehors des sagesses religieuses.

Ces êtres d'exception étaient les premiers à chercher à connaître le monde en dehors d'une interprétation religieuse. Ils souhaitaient accéder à une véritable connaissance rationnelle du monde, connaissance scientifique par les causes. Ils cherchaient, au-delà des apparences, ce qui fait l'essence des choses, ce qui dure sous les changements, ce qui reste permanent. La quête occidentale, c'est la quête de ces vérités immuables, éternelles diraient certains.

Quatre dimensions de la vie

Aristote, un de ces penseurs grecs, a rendu compte du mouvement de la vie grâce à des causes multiples et bien identifiées. Il en dénombre quatre qui mettent en lumière la vie.

La matière, d'abord, pour l'homme, les dispositions de son corps avec toutes ses caractéristiques propres : grandeur, poids, souplesse des tissus, solidité des organes, identité sexuelle… tous ces éléments dont il vaut mieux tenir compte dans son projet de vie. Arnaud est un homme de race blanche, dans la trentaine, en bonne santé. C'est avec ces caractéristiques qu'il va décider de répondre à l'appel de la vie et accepter la proposition de cette tournée loin de chez lui.

La forme, ensuite, principe d'animation du corps. Certains l'appellent « âme ». Avant d'envisager sa réalité spirituelle chez l'homme, l'âme est un principe de vie partagé par tous. Carottes, fraises, chiens et chats, hommes et femmes, tous les vivants ont une âme. Mon corps ne suffit pas à rendre compte de mon être. La façon dont je vis dans mon corps, avec mon corps, peut tout changer. Mon âme, mon désir de vivre, voilà qui va conditionner mon corps à agir dans un sens ou dans l'autre. Comme le sculpteur inscrit dans le marbre la forme de la statue, ainsi mon âme donne à mon corps sa forme, sa santé, sa vitalité. Arnaud, allongé sur son lit, ausculte son âme… Va-t-il partir ? Va-t-il rester ? Qu'a-t-il envie de vivre ?

Matière et forme, corps et âme rendent compte de ce que je suis, pas de mon mouvement, de mon action. La vie se saisit aussi à travers la cause efficiente, énergie qui me traverse… *Yin* et *Yang*, diront les Asiatiques, cette énergie irrigue mon corps et mon âme pour me mettre en mouvement. C'est l'élan vital, bien décrit par Bergson, trésor intérieur qui permet de m'investir dans le monde. Je peux décider de m'engager dans l'action, je peux canaliser cette force intérieure dans la contemplation. Quel que soit mon choix, l'élan vital construit aussi qui je suis. Tout réussit à Arnaud, et pourtant, il choisit de partir… changer de cap, quitter ses conformismes. Il entre en contact avec son désir intérieur, il ose ouvrir sa vie à des horizons nouveaux.

Le mouvement, l'énergie, la vie ne se développent pas dans n'importe quel sens. Ils poursuivent des fins, des buts, des objectifs. C'est la finalité, certainement la cause la plus spécifiquement occidentale… Elle projette dans l'avenir avec une force d'attraction en dehors même du champ de mon être… elle me fait poursuivre des buts élevés qui parfois me dépassent… Elle est particulièrement valorisée dans la pensée humaniste contemporaine qui introduit le besoin d'intention et de sens comme constitutif de la conduite humaine. Viktor Frankl n'a-t-il pas fait de la recherche du sens de son existence une condition de toute santé psychique ? Arnaud se donne un but nouveau, trouve un sens à sa vie. Il veut trouver son propre chemin, découvrir ses valeurs.

La croyance des Occidentaux est que chaque homme, chaque femme, doit découvrir le chemin à suivre grâce à l'analyse constante de ces causalités. Dans la réflexion, il peut décider des étapes de son chemin de développement, libre des conditionnements familiaux, sociaux, nationaux.

Groupe Eyrolles

Déterminer la voie à suivre en Asie

Accepter les changements

Comment Ting Ting peut-elle décider de la voie à suivre, alors qu'elle vit dans un monde en perpétuel changement : les saisons qui passent, les montagnes qui s'érodent, la jeunesse qui vieillit. Tout se transforme et semble bouger dans un mouvement infini autour d'elle. Elle se laisse emportée dans ce mouvement, et son seul souci est de pouvoir vivre en harmonie avec cet environnement.

Tous les phénomènes, matériels ou relationnels, se transforment et s'alternent. Comment ne pas souffrir de la rupture et de l'incessante instabilité de la vie ? S'il y a création, il y a destruction qui, par le vide créé, incite à la création. Tout change autour de nous, le monde, les êtres, les sensations, les perceptions, les sentiments…

C'est précisément ce changement omniprésent qu'il faut accepter. Philippe Cornu reconnaît que *« la vie est un foisonnement d'événements transitoires, un bouillonnement d'impermanence »* qu'il nous faut intégrer pour ne pas souffrir.

Intégrer l'impermanence de la vie

Bouddha a exprimé cette doctrine par des images populaires et poétiques : *« En vérité, la vie des hommes est brève, limitée, éphémère, remplie d'afflictions et tourments ; elle est comme une goutte de rosée qui disparaît aussitôt que le soleil se lève ; comme une bulle, comme un sillon tracé sur l'eau, comme un torrent entraînant tout sur son passage et jamais qui ne s'arrête ; comme du bétail pour la boucherie qui, à chaque instant, affronte la mort. »*[1] Ce concept de changement perpétuel et omniprésent rejoint ce que dit la cosmologie moderne qui se fonde sur les théories physiques et sur l'observation.

---

1. An, III, 70.

Même la mort n'est qu'un passage à un autre état : elle ne marque pas seulement la fin d'une vie mais un changement, une « mutation » vers autre chose, car la vie continue ou plutôt revient sous d'autres formes. « Être » disparaît pour faire place à « devenir ». C'est dans ce cadre que se manifeste la causalité des actions menées sans interruption. La vie antérieure et la vie postérieure ne sont ni identiques ni différentes : l'individu est à la fois responsable de ses actes et héritier de leurs résultats. L'univers dans cette optique est perçu comme un vaste flux d'événements. C'est un enchaînement d'actions, de répétitions, de courants dynamiques qui interagissent.

Décider de la voie à suivre en Occident

L'homme est responsable de sa vie

L'homme occidental est habitué à penser sa vie comme une réalité qu'il reçoit d'un autre que lui-même : son père, sa mère, voire, pour certains, son Dieu… Dès lors, sa vie est sienne. Il en est responsable et il lui appartient de la conduire en répondant aux appels de la vie à travers les événements.

Il choisit des buts, sélectionne des moyens. Conditionné par ses origines sociales, son éducation, son lieu de naissance, sa place dans la famille, il n'en demeure pas moins capable de libre arbitre. Il peut exercer son jugement personnel et choisir une voie qui n'est pas conforme à la norme de son environnement.

C'est, par exemple, tel jeune destiné à suivre les traces de son père ingénieur qui choisira une carrière de comédien… tel homme élevé dans le communisme pur et dur qui décidera d'embrasser une vocation religieuse… ou encore telle femme destinée à devenir assistante sociale qui décidera, impressionnée par un conférencier, de devenir professeur universitaire en philosophie.

Devenir coresponsable de l'avenir

L'homme et la femme sont acteurs de leur destinée. Au-delà de leurs besoins et de ceux de leur famille, ils font, en conscience, des choix éclairés par leur désir de vie. Dans la tradition chrétienne, creuset de la mentalité occidentale, l'homme et la femme reçoivent la mission de co-créer le monde qui leur est confié, ils sont appelés à dominer, au sens d'explorer, les richesses, de les exploiter au service de l'homme, de tout l'homme, de tous les hommes.

Quelle est l'influence du christianisme sur la culture occidentale ?

Le christianisme est issu du judaïsme. La société occidentale a été fortement influencée par les systèmes de croyance, de pensée et de sentiment véhiculés par ces deux grandes religions. L'univers est une création d'un Dieu transcendant, l'homme en étant l'intention centrale. Créés à son image et à sa ressemblance, les êtres humains se distinguent du reste du monde par leurs capacités spirituelles, au sens d'intelligence et de volonté libre. Ils sont en quelque sorte « supérieurs » et le monde leur est subordonné. La contrepartie est qu'ils sont responsables de sa sauvegarde et de sa croissance. L'existence humaine s'inscrit dans un commencement et une fin. Pendant ce temps terrestre, l'homme peut accepter ou non de faire alliance avec Dieu. Il s'inscrit alors dans l'ordre du meilleur bien voulu par son Créateur, ou d'un bien voulu par lui uniquement, souvent plus étroit et égocentré. Le mal en découle.

Ce privilège est aussi une responsabilité. Respect de l'écologie, construction d'un monde équitable, il n'est pas question de maîtriser la vie pour l'asservir. L'appel est celui de l'abondance de la vie, pas de la destruction ou de la réduction.

Groupe Eyrolles

Cette culture de l'individualité invite l'homme à aller vers son « soi », en trouvant le chemin qui lui est propre. « Chacun son chemin », entend-on souvent. Il n'est jamais question d'abdiquer son identité propre, son pouvoir de choisir. L'homme est invité à découvrir ce qui est unique en lui, à donner un sens à sa vie en accomplissant ce pour quoi il est fait.

Dans un mouvement d'aller-retour, chacun prend conscience des valeurs universelles de l'homme – santé, famille, amour, travail, argent, amitié, spiritualité, voyage, art – et chacun choisit en conscience la priorité qu'il donnera à telle ou telle valeur dans sa vie. La conscience individuelle prime, la valeur prédominante est celle de la liberté.

Le collectif est secondaire, la responsabilité individuelle est valorisée. La communauté humaine est au service des personnes, et non l'inverse ; elle les accompagne dans leur croissance vers leur unicité. L'Occident est moins préoccupé de la façon dont la personne se rend utile à la collectivité. Terre des droits de l'homme, les devoirs sont peu revendiqués.

Liberté et responsabilité en Asie

Une liberté illusoire

Ting Ting est-elle libre de décider de sa vie, de faire ses choix de vie ? La notion de liberté individuelle est très restreinte en Asie, dans la mesure où l'individu n'existe que par rapport à sa famille, d'abord, puis au groupe social, que ce soit dans son travail ou dans sa communauté. Le rôle du groupe a une telle importance dans l'imaginaire collectif que le terme « privauté » n'existe pas en chinois, alors qu'il en existe un pour traduire la « réclusion ». En Occident, la privauté a une connotation positive : à la notion de privé, chez soi, dans sa maison, s'oppose celle de public, qui est ouvert et partagé par tous. En Asie, si l'on est reclus, on se retire involontairement de la société, soit parce que l'on en est rejeté, soit parce que l'on veut s'en cacher.

Groupe Eyrolles

Dans ce contexte, il est naturel que la responsabilité ne puisse être que collective, et que chacun partage à son niveau la part qui lui incombe s'il ne contrôle pas ses actes. Afin de préserver cette responsabilité collective, chaque individu s'efforce de mener sa vie de façon vertueuse, dans le respect des principes confucéens, afin qu'aucune faute ou erreur ne vienne ternir le nom de famille. Par extension, cette faute ou erreur viendrait également entacher la réputation de la famille tout entière, et même du groupe auquel on appartient. D'où l'importance de garder la face « haute et sans tache ».

Les principes confucéens

Confucius, philosophe et penseur chinois, né en 551 av. J.-C., exerça une puissante influence sur la culture chinoise et asiatique. Sa préoccupation, c'est une vie vertueuse (*ren*) dans le respect de la hiérarchie, visant l'harmonie entre les hommes et le monde (*li*). Il préconise de forger les comportements humains selon cinq principes de base, cinq facettes de l'univers parfait : la bonté, la droiture, la bienséance, la sagesse et la loyauté. Sa philosophie est une vision optimiste de l'homme et de sa capacité à découvrir en lui-même la vertu. Il promeut l'établissement d'un ordre social basé sur l'amour du prochain et le respect de l'autorité.

N'est-ce pas la conscience, ou plutôt la mémoire des actes répétitifs inscrits dans notre inconscience, qui dicte nos actes, sachant que ceux-ci peuvent causer bonheur ou souffrance à notre entourage ? *Karma* veut dire « acte » : tous les actes commis, bien ou mal, conditionneront l'état de nos vies futures. Nous récolterons les bienfaits ou les méfaits de nos actes dans la vie présente. Selon les croyances indiennes, c'est le phénomène de « transmigration de vies en vies » ou le *samsâra*.

Le *karma*

Que veut dire le terme *karma* ? Étymologiquement, il vient de la racine indo-européenne *kr* qui, en français, a donné le verbe « créer ». *Karma* est synonyme de « création ». Ce terme illustre une action construite intentionnellement et volontairement. Cet acte, en geste ou en parole, en bien ou en mal, est exécuté pour se faire plaisir à soi ou pour se protéger de soi. Il n'y a donc pas de fatalité : l'homme est le seul libre arbitre de son destin, qu'il dirige ou subit par ses actes bons ou mauvais, selon sa volonté.

Qu'est-ce que le *karma* ? *Karma* veut dire « action » en sanscrit. La « loi du karma » désigne « la loi de cause à effet » ou de la correspondance étroite et infaillible qui existe entre une action et son résultat. Une action négative a pour résultat la souffrance. Une action positive a un résultat positif et heureux. Nos actions, c'est la compréhension que ce que nous expérimentons dans notre vie actuelle est le résultat de nos actes antérieurs, bons ou mauvais, et que ce que nous connaîtrons dans l'avenir dépendra de nos actions présentes.

Les jeunes Asiatiques face aux principes traditionnels

Toutefois, la culture, comme tout processus de développement, est dynamique : elle évolue grâce ou à cause de la mondialisation, conduisant par conséquent à travers les échanges économiques, politiques, au brassage et à la convergence culturels.

Les jeunes générations asiatiques (en Chine, à Taïwan, en Corée ou au Vietnam), malgré les liens très forts qui les attachent à leur famille, rejettent cette notion d'appartenance collective qui régit leur vie. Les jeunes d'aujourd'hui décident pour eux-mêmes et par eux-mêmes.

Dans la Chine actuelle, il existe indéniablement une forte motivation individuelle d'enrichissement, liée à la notion d'intérêt monétaire et de

Groupe Eyrolles

possession matérielle, inexistante dans les principes confucéens. Mais cette notion d'intérêt n'implique pas la notion de responsabilité individuelle. Elle est et reste essentiellement collective. En effet, nous devons rechercher dans l'histoire de la Chine l'origine de responsabilité collective. C'est le premier empereur de Chine, Qin Shi Huangdi, qui a établi cette responsabilité collective par la loi pénale condamnant toute une famille ou tout un clan pour un crime commis par un seul de ses membres. C'est l'héritage confucéen qui s'exprime ici par cet exemple.

Quelques bons tuyaux pour profiter de votre voyage en Chine

Que vous soyez touriste ou en voyage d'affaires :

- Prenez le temps, toute relation avec les Chinois s'inscrit dans la durée.
- Acceptez de vous immerger, c'est-à-dire de modifier votre point de vue, vos habitudes et votre comportement.
- Travaillez votre qualité d'écoute et le respect envers votre hôte.
- Montrez votre curiosité en acceptant l'imprévisible avec patience et le sourire.
- Ne contredites jamais votre hôte directement, cherchez à trouver un terrain d'entente.

Identifiez vos héritages

Choisissez les personnes qui ont influencé votre éducation, votre formation : parents, grands-parents, famille proche, ami intime, tuteur, parrain, marraine...

Pour chacune d'entre elles, prenez le temps de vous rappeler ce qu'elle disait ou faisait à propos des thèmes suivants : la vie, la santé, l'amour, le couple, la famille, les enfants, le travail, le temps. Vous pouvez choisir d'autres thèmes qui vous tiennent à cœur.

En quoi ces portraits vous ressemblent-ils ? En quoi ont-ils influencé votre devenir ? En quoi avez-vous pris le contre-pied et fait des choix inverses ?

Mots clés

En Occident _____   _____ En Asie

Élan spontané	Choix
Corps et âme	Liberté
Finalité, sens	Perfection
Naissance	Responsabilité
Croissance	Voie à suivre

Chapitre 2

La communication

« Le dialogue interculturel est la voie idéale
de l'affranchissement des hommes. »
FRANÇOIS CHENG

À Kyoto

Kyoto, 1ᵉʳ décembre, Tokumori attend dans les jardins du sanctuaire Kumano-Jinja. Il est assis le dos droit sur un banc de bois sombre, les pieds bien à plat sur le sol. Il guette l'entrée du portique pour accueillir son invité. Il ne l'a jamais vu. Il sait seulement qu'il portera une gabardine beige. Au-dessus d'un groupe de Coréens en rang serré, apparaît la tête d'Arnaud. Voilà la gabardine ! En un instant, il se précipite à sa rencontre et le salue d'un mouvement de tête. « Vous êtes Marin-san ? Je vous attendais. Entrons dans le jardin intérieur pour la cérémonie du thé. »

Arnaud s'avance. Comme une vague, des hommes et des femmes suivent une allée de jardin bordée de bambous, ils se déplacent d'un pas lent vers un puits. Seul le bruissement des vêtements traverse le silence comme le vent dans les feuilles d'un arbre. Le jeune Occidental se laisse

Groupe Eyrolles

pénétrer par la sérénité du lieu. Arrivés au puits, tous se purifient. Ils se dirigent ensuite vers une petite porte. Ils attendent d'être conviés à entrer dans la chambre de thé.

Arnaud s'interroge. Tokumori explique. C'est l'espace du silence pour faire le vide de nos pensées avant la cérémonie. Il faut rompre les liens avec le monde extérieur. Un moment s'écoule, une éternité pour notre jeune voyageur.

Le maître de thé apparaît, vêtu d'un kimono de soie sombre. Il appelle les invités d'une voix gutturale. Au seuil de la maison du thé, Tokumori se déchausse et passe une porte basse qui l'oblige à se baisser. Arnaud fait de même. Les invités s'avancent les uns après les autres et prennent place sur les tatamis. Le maître de thé attend que tous soient installés. Il salue l'alcôve ornée d'un ikebana et d'un parchemin, rouleau de soie peinte. Il se dirige vers le foyer qu'il allume pour préparer l'eau du thé.

Une hôtesse, en kimono clair, leur présente un plateau en bois laqué garni de pâtes de fruits bien rangées. Arnaud, la friandise à la main, n'ose pas briser le silence. Il observe les autres. Doit-il la manger ? La pâte de fruit fond dans la bouche, miel épicé qui envahit son palais d'une fraîcheur surprenante. Un souvenir d'enfant lui revient. Caché à l'ombre du grand saule, il dégustait les bonbons de sa grand-mère.

Soudain, toute l'assemblée quitte la salle et se dirige vers le jardin intérieur. Arnaud sent dans son dos la main de Tokumori qui le pousse à suivre le mouvement. Un temps de repos. Ils se purifient, se lavent les mains et se rincent la bouche dans le puits.

Ils sont prêts pour la cérémonie du thé. De nouveau dans la salle, le maître commence. Il s'arrête devant les convives, la théière à la main, et les sert un à un. Le thé bouillant fume dans les bols de terre cuite. Le maître revenu à sa place, les convives saisissent le bol de la main droite et le déposent dans la paume de la main gauche. Au signal du maître, ils savourent le thé par petites gorgées. Goût âpre et persistant, saveur de terre, sensation de breuvage mystérieux. Pour Arnaud,

Groupe Eyrolles

comme elle est amère cette première gorgée. Contraint, il avale le thé comme une potion médicinale, déçu par le plaisir qui n'est pas au rendez-vous.

Le thé bu, chacun fait tourner dans sa main le bol. Ils admirent les facettes de cette pièce unique, fabriquée par les artisans du temple. La cérémonie se conclut par un salut au maître pour l'honorer. À son tour, il s'incline pour remercier.

De retour au bureau, Arnaud est censé négocier l'achat de théières en fonte. Tokumori silencieux attend qu'il parle le premier. Le jeune cadre se lance. Pourquoi m'avoir emmené à la cérémonie du thé ? Le négociant sourit. Y emmenez-vous toujours vos clients ? Tokumori acquiesce. J'aimerais comprendre pourquoi cela se passe dans un temple, pourquoi faut-il se déchausser ? Ce sont les traditions, répond le japonais laconique. Mais il doit bien y avoir un sens à tout cela ? Tokumori consent à donner quelques explications.

Le thé, c'est le partage entre l'autre et son invité. C'est le lieu sans barrière sociale. Quelle barrière ? Entre les générations, les hommes et les femmes, les pauvres et les riches. Tous sont traités avec le même respect par le maître du thé. C'est un temps d'humilité, calme, dans notre vie mouvementée. Nous recherchons l'harmonie avec la nature et les éléments qui nous entourent.

Arnaud se lève soudain, marche de long en large dans la pièce, comme s'il était habité par des esprits. Puis, lentement, il ralentit le pas, revient s'asseoir à côté du négociant et sourit. Il a compris.

Communiquer en Occident

Communiquer, c'est entrer en relation avec un autre que soi-même

Nés d'une rencontre entre un homme et une femme, nous sommes profondément « êtres de relation ». Notre vie et notre croissance ont besoin de relations. On se souvient de cette expérience réalisée sur des

Groupe Eyrolles

bébés nourris sans jamais être pris dans les bras. Ils sont tous tombés malades, certains n'ont pas survécu. Le dialogue est la forme par excellence de communication. Il permet d'échanger des affects, des sentiments, puis des idées et valeurs, chemin de pédagogie pour une compréhension mutuelle des êtres humains.

Dans communication, il y a « commun », qui exprime l'exigence d'une mise en commun. Au-delà de l'échange, le partage nous enrichit, nous change, nous sculpte pour nous aider à devenir plus nous-même. « *Deviens qui tu es* », écrit Augustin d'Hippone. Ce partage est d'autant plus riche qu'il est à tout niveau : verbal, émotionnel, physique, spirituel. Plus complexe aussi.

La communication est bien au-delà d'une transmission formelle de message d'un émetteur vers un récepteur. Elle est mouvement d'accueil de l'autre et don de soi… avec des degrés différents selon le contexte, le choix des personnes, leurs capacités à recevoir et à donner. Je peux communiquer quotidiennement avec mon boulanger, une fois par mois avec un maître spirituel, l'accueil et le don de soi ne seront pas de même nature. La communication dépend du contexte, de notre connaissance et de notre attachement aux personnes.

Longueur, largeur et profondeur

Éric Berne série les types de communication en fonction des situations :

Parfois, cultiver le retrait de la communication permet de mettre à distance, de s'isoler, se protéger, se régénérer. Temps de communication avec soi-même, réflexion et méditation salutaires, car le dialogue intérieur conditionne beaucoup la relation avec l'autre. « *Charité bien ordonnée commence par soi-même* », traduit le christianisme. Communiquer est vital, mais pas à tout moment et à tout prix.

Groupe Eyrolles

D'autres fois, c'est le temps des relations rituelles, échanges sans surprise, automatiques, reproduits machinalement des millions de fois selon notre culture. C'est le « bonjour, ça va, il fait beau aujourd'hui », les petites conversations banales avec les collègues autour de la machine à café. Rassurante car répétitive, cette communication est souvent un passage obligé pour accéder à des relations qui nous engagent. Comme la communication passe-temps. Les personnes remplissent le temps avec de la parole : au restaurant d'entreprise, par exemple, où l'on s'efforce de ne pas parler travail ; en famille, où l'on refait le monde. Cette communication favorise l'expression de chacun, permet une reconnaissance mutuelle, préparatoire à des relations plus engageantes. La relation à l'autre reste ténue, la communication est en surface même si l'échange est réel.

Ensuite, il y a la communication efficace, échanges verbaux autour d'un but, d'une activité en commun. Les interlocuteurs réalisent ensemble une performance, engageant toute leur personnalité, corps, culture, savoir-faire, émotion. En même temps qu'elle advient, l'action est « parlée ». La parole accompagne, la communication est féconde, facilitant un ajustement permanent des représentations, des ressentis, des décisions. Elle autorise la réussite du projet initial.

Souvent, la communication échoue sans que nous sachions exactement pourquoi. Les messages ne passent pas, ils ne sont pas entendus, compris, ils passent de travers. La communication s'est transformée en un jeu sans fin et pas drôle du tout, stérile puisque l'issue est connue d'avance. C'est le « chérie, où as-tu mis ma brosse à dent ? Mais je n'ai pas pris ta brosse à dent ! ». Elle n'a alors d'autre but que d'occuper le temps, de satisfaire notre besoin de stimulation psychologique, de relation à l'autre, en dehors de toute intention de résoudre le problème ou de mener l'action à terme.

Enfin, l'intimité est la communication la plus accomplie, rares moments d'authenticité, summum de la communication interpersonnelle. L'ouverture à l'autre est totale et sans méfiance. Les personnes se montrent telles qu'elles sont. La communication est alors un art qui conjugue écoute et expression dans une juste réciprocité.

De l'écoute à l'expression

L'écoute

La communication débute par l'écoute bienveillante qui invite à parler sans préjugés ni stéréotypes. L'écoute est un service, elle ouvre un espace à l'autre pour se dire, se trouver. Celui qui est écouté se découvre dans sa parole, il se révèle à lui-même.

Coach de métier, j'écoute beaucoup. J'ai souvent constaté la fécondité de l'écoute dans la vie de ceux qui m'ont confié leurs préoccupations professionnelles, parfois privées. Un dirigeant s'arrête net quand il me raconte que son père est mort d'une crise cardiaque à l'âge qu'il a aujourd'hui, il décide de ralentir son rythme de travail. Une dirigeante prend conscience du stress que ses fonctions génèrent dans sa famille, elle met de la distance et décide d'apprendre à dire « non ». Un créateur d'entreprise réalise comment il peut faire évoluer son métier, il passe d'une attitude de sous-traitant à celle de conseiller.

Qu'est-ce que le coaching ?

Le coaching est un accompagnement individualisé, basé sur une puissante relation de confiance et de collaboration entre un coach et une personne volontaire. Il permet de développer son

Groupe Eyrolles

potentiel professionnel ou personnel, de transformer ses attitudes et de changer ses comportements. Le coaching commence toujours par clarifier les objectifs avant de s'engager dans une relation interactive avec le coach. Il centre la personne sur ses priorités et ses choix. Il se déroule en une suite d'entretiens individuels offrant un espace d'écoute, d'expression de soi, d'échanges et d'apprentissage pour prendre des décisions et gérer le changement.

L'écoute est difficile, il faut accepter un chemin de dépouillement de soi : se débarrasser de ses propres façons de sentir et de penser, focaliser sur ce que l'autre dit et ne dit pas pour en comprendre le sens véritable, ne pas l'enfermer dans sa propre vision. Sans cette ascèse, la tentation est d'influencer. Il faut peu de chose pour faire pression sur une liberté, réduire l'autre à ce que nous voulons pour lui, une intonation différente de voix, un froncement de sourcil culpabilisateur, un mot choisi plutôt qu'un autre.

Regarder une personne comme « autre », non réductible à ce que je veux pour elle, appelée à vivre en complémentarité, c'est ce qu'Emmanuel Lévinas appelle l'altérité. Adopter une éthique d'altérité, c'est désirer rencontrer les autres en respectant leur unicité, leur identité, leurs valeurs.

L'expression

Le dialogue se poursuit par l'expression. L'écoute seule ne suffit pas, la communication implique une réponse. Quand nous nous exprimons, nous donnons quelque chose de nous, une opinion, une question, un sentiment. La puissance de l'expression est d'enrichir l'autre de ce que je suis, de le nourrir. C'est comme si je me donnais « à manger ».

Si l'autre m'accueille, il est conduit à une transformation semblable à une digestion alimentaire. Je mange un aliment qui devient mon corps,

Groupe Eyrolles

l'entretient, voire le fait croître sans toucher à mon identité physique. De même, je peux manger la parole de l'autre qui devient mienne et me permet de vivre.

Encore faut-il que l'expression soit guérie de ce qui va dans le sens de la destruction plutôt que de la construction de mon interlocuteur. Un aliment peut être nocif pour le corps, une parole peut conduire au mal-être. S'exprimer n'est pas s'épancher. Nous pouvons parler pour nous défouler, décharger notre stress émotionnel, exhaler notre chagrin. Cette expression-là est tournée sur les besoins de celui qui parle, au détriment de l'intention du partage et de la mise en commun.

Le miracle de la parole

Comme coach je suis souvent amenée à dire ce que je vois de bon, de beau chez l'autre. Tel talent, point fort, telle qualité de cœur ou limite à dépasser. Je suis alors témoin d'un petit miracle. La vie se déploie à l'intérieur de l'autre, une nouvelle force est donnée. L'un n'avait jamais osé se faire confiance, un simple regard bienveillant sur son parcours le transforme. L'autre exerce un métier qu'il n'a pas vraiment choisi, une manifestation sincère d'admiration l'envahit instantanément d'un regain de motivation.

Sans m'autoriser à parler de moi, il m'arrive aussi de témoigner d'une expérience personnelle, qui peut devenir source d'inspiration. Là aussi, des chemins s'ouvrent parfois dans le cœur de l'autre, le sortant de la déprime, du repli sur soi.

Écoute et expression de l'intimité dans l'intimité, ce sont des moments de communion très valorisante où la parole devient souvent inutile. Il y a une sorte d'unité de pensée, une communion grâce à la réciprocité de l'écoute et de l'expression, réciprocité du donner et du recevoir qui fait naître la relation comme une troisième réalité en jeu dans la communication.

En dehors de l'identité des personnes qui communiquent, la relation a une identité en elle-même, émergeant à partir de ce que chacun a donné et reçu à tous niveaux – mental, cœur, besoins.

Groupe Eyrolles

Communiquer en Asie

C'est accepter l'autre

Communiquer en Asie ne signifie pas seulement entrer en relation avec l'autre pour développer un échange. C'est un processus qui nécessite du temps, car il dépasse la notion d'échange pour favoriser celle d'acceptation de l'autre dans son monde, dans sa famille symbolique, dans son « moi ». L'idée de communiquer va au-delà de l'échange avec l'autre, au-delà du message envoyé vers le récepteur. La communication permet à la fois de distinguer et d'assimiler la représentation sociale sur nous-mêmes et sur les autres.

Une communication à plusieurs niveaux

En effet, dans la société asiatique, il existe plusieurs niveaux de communication correspondant à son éducation, à son statut social, à sa profession, au genre et au rôle joué dans la communauté. On peut donc parler de communication familiale, de communication sociale, de communication hiérarchique. Comme la structure de la société asiatique est scrupuleusement basée sur des différences sociales parfaitement ordonnées, la place que chacun occupe dans la société influence la manière et les moyens utilisés pour entrer en communication avec les autres.

Une communication codifiée

Tout comme la société, la communication en Asie est codifiée par un protocole, des rites : l'entrée en relation avec l'autre n'est pas libre et spontanée. Il existe précisément une modalité interrelationnelle du langage qui établit le rôle de chacun : le père/l'enfant, le maître/l'élève, le mari/la femme, le supérieur hiérarchique/l'employé… La hiérarchie sociale érige le vocabulaire correspondant à chaque classe, l'emploi de certains mots situe rapidement à la fois le niveau social et éducatif de façon formelle.

Groupe Eyrolles

La façon de communiquer ou les moyens utilisés peuvent alors trahir l'origine et l'appartenance à chaque classe sociale, puisque les identités sociales sont construites à partir des différentes composantes que sont la famille, l'éducation, l'entourage, la profession. L'utilisation d'une langue commune signifie-t-elle toujours l'acceptation de l'autre comme son égal ? L'acte de parole comme « fonction externe » de la langue traduit l'établissement de liens créés avec les autres dans un système de codes bien établis.

Comment déceler les codes de communication

Il est important de savoir avec qui vous allez communiquer : sa position dans la famille, l'entreprise, son âge, son statut, son genre.

La communication étant contextuelle, attachez de l'importance aux pauses dans le discours, donnez un sens aux interruptions.

La relation étant verticale, cherchez le rôle de votre interlocuteur dans la famille, dans l'entreprise.

Ne prenez pas un « oui » pour une réponse positive : il signifie simplement que votre demande a été comprise et que votre interlocuteur fera au mieux pour y répondre.

Les décisions ne sont jamais prises à chaud et doivent être consensuelles.

Pour préserver l'harmonie

Dans cet esprit de respect envers les autres du fait de leur âge ou position sociale, la communication doit être harmonieuse, courtoise sans aucun signe d'agression ou de provocation, ni dans le ton utilisé, ni dans les expressions choisies. L'essentiel est toujours de préserver l'harmonie familiale et sociale. Pour ces raisons, il est préférable dans certains cas de se taire pour ne pas faire perdre la face à l'autre ou perdre soi-même la face.

Groupe Eyrolles

La communication commence avec l'éducation : dans les familles traditionnelles et bourgeoises, les parents enseignaient aux enfants, et surtout aux filles, à maîtriser leur langage. Dans ce contexte, ils ne pouvaient exprimer que ce que l'on voulait entendre dans leur entourage. Devant les grandes personnes, les enfants se taisent ou ne parlent que lorsqu'ils sont interrogés.

Comment s'adresser à l'autre ?

Dans les formes d'adresse, de salutations, certaines langues asiatiques, notamment le vietnamien et le japonais, ne possèdent pas de pronoms personnels adéquats pour être utilisés, car trop familiers. Aussi, pour désigner les personnes avec lesquelles ils discutent, les Vietnamiens utilisent essentiellement les termes de parenté ou le type de relation, en fonction de l'âge, du rang dans la parenté, du rôle social des antagonistes.

Par exemple, même si aucun lien de parenté ne les lie, une jeune fille peut se désigner comme « nièce » devant une dame plus âgée, qu'elle appellera « Tante » et non « Madame ». On comprendra facilement que cet usage linguistique peut créer des relations soit plus fortes soit plus faibles, et un lien de confiance ou de méfiance dans la communication qui s'établit alors. Il est ainsi clair dès le départ que c'est l'attitude soit de soumission soit de domination qui va régir la relation entre deux ou plusieurs personnes. Chacun a un rôle à accomplir dans la société qui ne peut s'intervertir. Dans ce cas, si l'échange est peu égalitaire, qu'en est-il de l'écoute et des réponses attendues ?

En Asie, le receveur sait par intuition ce qu'il faut répondre pour contenter son interlocuteur qui peut être supérieur ou inférieur. Pour ces raisons, les Occidentaux sont souvent surpris qu'à toute question posée aux Asiatiques, la réponse commence toujours par un « oui », qui veut simplement signifier « j'ai compris votre question ».

Prenons les différentes formes utilisées par les Asiatiques pour s'adresser à l'autre.

En vietnamien, le « je » ne s'emploie que très rarement dans des relations conflictuelles entre les personnes pour justement marquer cette différence entre « ma » façon de penser et de faire et « la vôtre ». Dans la communication quotidienne, pour s'adresser à une autre personne, on emploie son propre nom ou on se détermine par rapport à l'autre, non par souci de domination mais plutôt de respect. Dans un couple, la femme se désigne elle-même par *êm* ou « petite sœur », et le mari par *anh* ou « grand frère ». On comprend bien qu'il existe toujours ce rapport de rôle dans la société asiatique, tel que l'a préconisé Confucius.

De même, dans la langue thaïlandaise, certains mots ou expressions sont uniquement utilisés par des hommes, d'autres par des femmes : à l'âge et au rang social s'ajoutent en plus les différences de genre. En partageant une langue commune et un héritage culturel et historique commun, chaque individu se constitue en faveur de ses relations avec l'autre.

Dans la langue japonaise également, la troisième personne est utilisée. Si en français, un enfant dit : « Papa, où vas-tu aujourd'hui ? », en japonais, l'enfant dira : « Où va-t-il, papa ? » en utilisant la troisième personne pour s'adresser à son père.

Comme il a été mentionné auparavant, la présence ou l'absence des pronoms dans les langues asiatiques s'explique par le rang social et la classe d'âge des différents interlocuteurs.

La communication explicite occidentale

En Occident, la communication est liée à la culture des interlocuteurs, elle lui emprunte ses codes verbaux et non verbaux. D'une certaine façon, toute communication est interculturelle, au croisement entre des personnes de cultures et sous-cultures différentes.

Par exemple, quand Arnaud communique avec Tokumori, il y a un échange interculturel complexe. Chacun porte en lui une culture nationale et un ensemble de sous-cultures, produits de leur origine sociale, de leur génération, formation, métier, et communauté de travail.

Arnaud, jeune Français né en 1975, habitant à Paris, formé aux techniques modernes de marketing international, représentant commercial dans l'import-export d'art de la table, est radicalement différent de Tokumori, fabricant de théières japonaises de père en fils, la cinquantaine passée, négociant enraciné dans les traditions millénaires de son pays. Ils auront beau utiliser la même langue, chacun aura des codes verbaux et non verbaux propres : nombre et choix des mots utilisés, langage non verbal, quantité de silences, tout sera sans doute fort différent.

Arnaud pose des questions, demande des explications. Il se met naturellement dans une position de communication explicite. Le langage verbal est privilégié, il est l'instrument de l'ouverture aux autres, du partage des idées, des représentations, des émotions, des sentiments et des valeurs. Même ce qui est évident est dit. Les messages sont transmis par des mots, le langage non verbal est un support. Les silences sont évités, ils pourraient signifier à l'interlocuteur que le message n'a pas été compris.

Au service de la confiance

Processus extrêmement complexe, la communication est le thème de nombreux livres et séminaires de formation. Son but ? Instaurer la confiance. Dans les années 1950, plusieurs écoles se sont constituées pour l'étudier. L'école de Palo Alto, par exemple, approfondit et parle de « métacommunication », qui signifie communiquer sur la façon dont on communique, et de « sur-communication », qui veut dire que l'on vérifie que tout ce qu'on a dit a bien été compris comme tel.

Qu'est-ce que l'école de Palo Alto ?

C'est un courant de pensée en psychologie, né dans les années cinquante en Californie autour de Gregory Bateson. Sa théorie la plus célèbre est celle de la double contrainte : « *Une mère offre deux cravates à son fils, une rouge et une verte. Son fils porte la verte lorsqu'il lui rend visite le lendemain, la mère réagissant ainsi : "Pourquoi tu mets celle-là ? Elle ne te plaît pas la rouge ?"* » L'exemple donné par Paul Watzlawick manifeste l'impossibilité du fils à satisfaire sa mère, quelle que soit la cravate portée. Opposée à la théorie freudienne, cette école ne traite pas les malades selon le schéma névrose/psychose, mais en agissant sur les interactions « actuelles » du patient avec son environnement. Elle s'applique à plusieurs champs : communication, relations familiales, entreprises.

En Occident, même les messages négatifs sont tolérés s'ils visent à faire progresser la relation. Sans intention de faire perdre la face, ils invitent à un ajustement de sa personne, de son expression, de son comportement. La franchise est de rigueur, elle évite l'hypocrisie, source de malentendus et de conflits latents ou futurs.

Le but est de réunir les hommes, de construire la cohésion sur son fondement, la communion, versant occidental de l'harmonie. Cette ambition est souvent bafouée, l'épisode de la Tour de Babel en étant le symbole. Même ceux qui utilisent la même langue ne se comprennent pas. Car les mots ne sont pas neutres ; au-delà de la signification, ils sont connotés. Le contenu affectif conditionne l'emploi des mots, en dehors de leur sens intellectuel. Ils sont des « vivants » qui évoluent, mots à la mode, mots tabous, mots piégés…

Parler le langage de l'autre, c'est écouter l'écho de ce que l'on dit dans son affectivité. Contexte, connotation des mots, une vigilance de tous les instants est à instaurer pour une communication authentique.

Groupe Eyrolles

Accueillir la façon dont il pense, exprime ses idées, ne pas projeter ses propres phantasmes dans ce qui est dit, voilà qui évite bien des écueils.

Il y a accueil de la parole de l'autre, puis interprétation pour la traduire dans notre propre système de représentation. Mais si l'on en reste là, on peut générer et vivre des années sur des malentendus. L'Occidental a appris à reformuler, refléter ce qu'il a entendu pour vérifier qu'il n'a pas transformé le message.

Le langage non verbal

Si le langage verbal est valorisé comme lieu de libération de la parole, il n'est pas le seul vecteur de la communication. *« Ce que cache mon langage, mon corps le dit. Mon corps est un enfant entêté, mon langage est un adulte très civilisé. »* Cette phrase de Roland Barthes traduit l'influence du langage que l'on appelle infraverbal : attitude corporelle, gestes, vêtements, tout ce qui apparaît de notre personne est connoté, porteur de codes signifiant notre culture et nos sous-cultures.

Ils peuvent générer du bien-être ou du malaise, renforcer un message verbal ou le détruire, en fonction de leur utilisation dans une situation donnée. Le ton de voix, le rythme de parole, le volume, tous ces signes sont des lieux d'interprétation qu'il faut revisiter avec attention pour entrer en relation avec un autre. Le langage non verbal est à étudier précieusement.

Encore plus s'il s'agit d'entrer en relation avec des étrangers, les codes étant d'autant plus éloignés qu'ils sont à l'opposé de notre culture et opaques pour notre perception.

Je me souviens : Hanoi, 1er août 2005, 32° à l'ombre. J'arrive à la fac de médecine, Ton That Tung. Je fais face à vingt-deux médecins pour les entraîner au français pratique avant de s'expatrier dans les hôpitaux de l'Hexagone.

La salle de formation est immense, des ventilateurs au plafond tournent bruyamment. Je suis obligée de hurler pour me faire entendre.

Groupe Eyrolles

Mon look naturel de grande Occidentale *middle age* les déroute. Mon comportement est trop décontracté, ma façon de parler des choses, trop directe et franche.

Mes propositions pédagogiques les déstabilisent. S'exprimer devant tout le groupe, articuler haut et fort les mots difficiles, changer d'intonation pour transmettre une émotion, hausser la voix pour se faire entendre, oser se mettre en avant, donner son opinion. Je sens bien que mes demandes les agressent.

Au Vietnam, la politesse veut que l'on parle doucement. Ne pas montrer ses sentiments, éviter de dire ce que l'on pense, voilà la coutume. On est toujours d'accord, on ne critique pas, même si l'on n'en pense pas moins. Dociles à l'apprentissage, mes étudiants se sont laissés conduire à questionner leurs habitudes, à briser leurs stéréotypes sur une France idéalisée. Avec une motivation grandissante, ils ont accepté de se lancer dans les jeux de rôles, les partages de représentations, le travail en binôme, les prises de parole en public. Imprévisible, le séminaire s'est conclu autour d'un repas typiquement vietnamien, suivi d'un *karaoké* du Hanoi branché.

Les différences sont notables. Si parler fort est signe de vulgarité au Vietnam, c'est signe de passion en France. Le ton de la voix est un signifiant important, musique qui agit directement sur notre émotivité. Il peut être énergique, doux, agressif, neutre. Il y a le ton objectif et la façon dont il est perçu. Énergique, il peut être perçu comme agressif ; doux, comme mielleux et manipulatoire. Une partie de l'interprétation va dépendre de la façon dont l'autre reçoit le message.

Au Vietnam toujours, il est impoli qu'une femme croise les jambes, le pied pointé sur l'autre. En France, cracher au sol est grossier, il est préférable de se moucher, ce qui est très mal vu en Corée. Les codes sociaux asiatiques sont nombreux et variés et rendent très compliquée la communication pour les Occidentaux.

Groupe Eyrolles

La communication implicite asiatique

> *« Les Anciens étaient avares de mots*
> *par crainte de ne pouvoir les confirmer dans leurs actes. »*
> CONFUCIUS, Livre III, 22

Communiquer par le ressenti

Tokumori est japonais. Comme tous les Asiatiques, il fait sentir plus qu'il n'explique. Laconique, il répond peu, par un simple sourire ou hochement de tête. Toute la cérémonie du thé est en silence, car le partage et l'harmonie recherchés entre les êtres se passent de mots. Les messages sont souvent implicites, le langage non verbal. Les expressions du visage, les gestes ont parfois plus de signification que les mots. Je me souviens de cette jeune Japonaise fréquentée à New York. Elle m'expliquait qu'il n'y a rien de plus vulgaire que de dire « je t'aime » à quelqu'un. Tout le raffinement consiste à faire sentir, deviner. Pour communiquer, il faut ressentir les choses non dites, détecter les sentiments et les émotions dissimulés. Les messages sont indirects, sous-entendus, c'est la situation dans laquelle se trouvent les partenaires qui rend la communication compréhensible.

En Asie, l'essentiel dans toute communication ne se trouve pas seulement dans le message transmis, mais dans la manière utilisée pour s'exprimer. En effet, celle-ci permet de construire progressivement – et de l'approfondir ainsi – une relation entre deux partenaires, quels qu'ils soient. De cette communication, naîtront des sentiments qui sont davantage sous-entendus que clairement exprimés.

Les Asiatiques utiliseraient-ils davantage le cerveau droit ?

Selon certains chercheurs, le modèle occidental de communication utiliserait le cerveau gauche, domaine de la connaissance rationnelle, de la communication verbale, de la valeur du temps, du progrès linéaire, de l'analyse, alors que le modèle asiatique se servirait du cerveau droit, domaine de la vision globale, de l'affectivité, de la communication non verbale, de l'espace, de l'évolution circulaire, de l'intuition et de l'esthétique. Certes, nous n'avons pas les moyens de vérifier ces informations qui pourraient agacer des créatifs, mais nous voulons toutefois soumettre à nos lecteurs les trouvailles de nos recherches.

Qu'appelle-t-on cerveau gauche et cerveau droit ?

L'hémisphère gauche est le siège d'une conscience analytique, verbale, alors que l'hémisphère droit saisit et traite globalement les images qui s'offrent à son attention.

En percevant le monde globalement, les Asiatiques utiliseraient davantage l'hémisphère droit, en ne remettant pas en cause la perception ressentie du monde. Ne gèrent-ils pas le non-dit dans la communication implicite, puisque celle-ci est dérivée de l'émotionnel ? En s'identifiant au groupe, ils s'affirment comme partie intégrante d'identité collective.

La nécessité de traduire les symboles

La culture asiatique attribue une grande importance à la communication symbolique, d'où l'importance de la communication non verbale. Toutefois, les mots utilisés seuls n'ont de signification définitive que lorsque les interlocuteurs les replacent dans le contexte de la conversation ou de la négociation. Donc le message est indirect, sous-entendu, voire deviné, c'est le contexte dans lequel se trouvent les partenaires qui expliquera la situation. Il n'est point besoin de tout dire, puisque le contexte est riche de sens.

Pour ne pas offenser son interlocuteur

En situation de communication implicite, tous les sens doivent être en alerte pour bien saisir la pensée de son interlocuteur. Il n'est pas question de demander des éclaircissements. Vous mettriez votre partenaire dans l'embarras. Il vaut mieux trouver un moyen indirect de saisir le

Groupe Eyrolles

sens des paroles. Avant de rompre un silence, il vaut mieux faire une pause. Dire « non » n'est possible que si l'on a trouvé les moyens de sauver la face – celle de son interlocuteur et aussi la sienne. Il faut éviter d'être direct, d'entrer en conflit par des mots, de rompre l'harmonie sans laquelle il n'est pas possible d'établir des liens.

Pour les Occidentaux, cette façon indirecte et imprécise de dire les choses les laisse perplexes et peut être source de malentendus. Si en français (ou dans une autre langue européenne) on demande : « Vous n'avez pas apporté votre livre ? », la personne interpellée qui ne l'a pas répondra : « Non, je ne l'ai pas. » L'étudiante japonaise, elle, dira : « Oui, je ne l'ai pas. » Ce que la Japonaise veut dire est : « Oui, ce que vous dites est juste, je n'ai pas mon livre. » Il est clair que dans cet exemple la culture japonaise est plus orientée vers l'autre que vers soi-même.

Si un Japonais ou un Chinois vous donne sa carte de visite, surtout ne la triturez pas dans tous les sens ou ne la jetez pas sur le bureau négligemment, vous l'offenseriez comme si vous refusiez de recevoir le don de sa personne.

Pour éviter les conflits

La sagesse asiatique nous enseigne d'autre part qu'on peut penser sans prendre position, tout en évitant de penser en rond ou dans le vide. Prendre position reviendrait à expliciter ses pensées par rapport à ce qui a été dit et à les traduire par des arguments contraires. Donc, socialement, il n'est pas possible de dire directement à l'autre qu'on ne partage pas ses sentiments ou ses idées, sans que l'un ou l'autre perde la face.

N'oublions pas qu'en utilisant le cerveau droit, les Asiatiques possèdent une approche intuitive : importance accordée au ressenti, aux sensations, aux émotions, à l'imagination créative. La pensée est circulaire et verticale, et non linéaire. Il paraît que *« les mauvais esprits ne se déplacent qu'en ligne droite »*, selon la philosophie asiatique. En Asie, les

Groupe Eyrolles

relations avec la nature sont si intimement liées que le vide ou le silence n'est pas à craindre. Au contraire, il ouvre à d'autres horizons, permet d'autres possibilités de communication.

Le silence, allié ou ennemi en Occident ?

En Occident, rester en silence peut signifier des réalités opposées. Retrait mental, refus de communiquer ou grande intimité qui se passe de mots. Le rôle du silence est capital, parfois absence de mots, souvent utilisation silencieuse des mots. Les laisser respirer, les épurer de leurs connotations péjoratives, faire taire les vacarmes affectifs mêlés au mot qui le dépouillent de son sens le plus profond, le plus noble. Il faut revenir aux origines, éviter les dilutions excessives, fruits d'une société bavarde.

Il y a quelque chose de touchant dans la profusion de la presse écrite, des émissions de radio et télévision : « *expression humaine, trop humaine.* » Il y a aussi un risque d'affadissement des messages, d'une confusion des sens.

Prenons un exemple. En français, le mot aimer a des sens très variés. J'aime le saucisson, mon chien, mon travail, ma femme, les voyages, la vie. Que signifie-t-il ? Une émotion, un plaisir, un lieu d'épanouissement, une jouissance, un don de soi ? Tout et rien.

Trop de mots inutiles sont articulés chaque jour, difficiles à effacer de notre mémoire quand ils sont blessants. Le silence lui-même prend des colorations selon le contexte. Acceptation, approbation ? Réflexion, donc besoin de temps pour comprendre ? Dans notre tradition occidentale, ne dit-on pas « *la parole est d'argent mais le silence est d'or* » ? La parole n'y est pas dévalorisée mais le silence est préférable.

Mais de quel silence parle-t-on ? Silence plein, silence de respiration ou de contemplation, la qualité du silence fonde l'écoute. Il y a des silences pleins qui autorisent l'échange, le jaillissement d'idées, la réflexion, le questionnement. Utiles, agréables, reposants, ils constituent une pause,

Groupe Eyrolles

donnent le sentiment d'« entendre » l'autre penser. Il y a les silences pleins d'amour qui permettent dans un double mouvement, d'accueillir l'autre et de se révéler à lui dans tout notre être – corps, âme, esprit.

Silence vide, ennui, impression que rien ne se passe, vide de la pensée. Laisser ces silences s'installer, c'est créer un malaise, une déstabilisation. Ils sont gênants, on se hâte de les briser par n'importe quelle parole. Refus d'échange, moyen de pression, exercice du pouvoir, silence de bouderie, de protection, de rupture, de démission intérieure. Le silence peut devenir complicité, pour le meilleur et pour le pire. Le témoin silencieux ne l'est pas toujours pour des bonnes raisons.

Le rôle du silence en Asie

> *« Le silence est un ami qui ne trahit jamais. »*
> CONFUCIUS

On peut parler de silence « sacré » ou positif et de silence « humain » ou négatif. Le silence positif, source d'énergie, s'assimile au sacré et impose humilité et acceptation.

Silence « sacré »

La méditation se « vit », s'intériorise, s'effectue, se passe en silence, c'est une sorte de communion avec soi-même. Le retour vers soi et à l'intérieur de soi nécessite non seulement la complicité mais également la compréhension de l'entourage, qui bénéficiera de ce bien-être à partager. Être en harmonie avec soi, c'est également l'être avec les autres, afin de mieux la vivre avec les autres.

Afin de mieux méditer

Les rites religieux s'accomplissent en silence ; lors des séances de méditation, il est demandé aux participants d'évacuer ce qui encombre leur esprit, ce qui les relie aux choses profanes, terrestres, et même charnelles. On ne peut élever son âme, le cœur plein : il faut le vider de toute substance négative. Se laisser aller vers le vide, c'est le concept de vacuité. C'est par le vide que s'accomplit ce retour à la source de toute chose, l'énergie ou le *Qi* chinois.

Le silence peut être comparé à une page blanche pour un écrivain ou à un tableau vierge pour un peintre.

L'art du non-dit

Dans le langage vietnamien, par exemple, le non-dit peut être utilisé comme un art. Il faut savoir et pouvoir l'assimiler, le comprendre, l'interpréter pour, ensuite, le partager. Dans ce cas, il s'accompagne de gestes et d'attitudes transmettant un message, véhiculant une suggestion, traduisant une idée.

Si l'on compare l'ensemble des mots prononcés à un tableau de couleurs, là où il y a du vide, semble-t-il, il y a du silence à interpréter.

Le langage du silence dans la peinture chinoise

« *La peinture chinoise est une peinture de l'esprit ; elle ne vise qu'à transmettre l'esprit des choses à partir des formes, qui ne sont qu'un moyen [...]* », a souligné François Cheng. Ainsi la philosophie chinoise peut-elle être comparée à la peinture chinoise qui suggère par petites touches de traits et de vide, elle laisse le champ libre à l'intuition et à la sensibilité de chacun pour comprendre, deviner et apprécier. Le peintre propose sa propre sensibilité qu'il n'impose pas, c'est au visiteur de savoir, peut-être, compléter, « remplir » le vide voulu.

Le silence exprime également un état de contentement, de partage, de consentement ou d'acceptation. Cela peut indiquer un temps de réflexion – de compréhension, d'assimilation, de partage. La beauté d'un paysage impose le silence parce qu'il traduit la sérénité, l'accomplissement, la communion totale avec soi, l'autre, l'univers et ses composantes. Nous revenons toujours à la relation (« linkage ») de l'élément unique que nous sommes tous avec l'ensemble du monde.

Le silence « humain » ou volontaire

Le silence humain, celui de l'orgueil ou de la soumission, est assimilé au silence négatif. Rester silencieux équivaut à rester dans la pénombre et à refuser de se trouver dans la lumière, d'accepter la vérité. Être silencieux peut signifier que l'on n'a pas envie de répondre, parce que l'on ne veut pas paraître ridicule ou pour ne pas donner une réponse désobligeante.

Le silence peut vous sauver d'une situation : on « se réfugie dans le silence » pour ne pas embarrasser l'autre ou les autres, ou s'embarrasser soi-même. Il peut être lourd de sens, lorsque l'on se trouve dans une situation délicate ou embarrassante. Le silence peut aussi exprimer le refus de l'autre, le mépris envers quelqu'un, quelque chose.

Le silence comme marque de soumission

Le silence exprime également la soumission des enfants envers les parents, de l'épouse envers son « seigneur et maître », de l'employé envers son patron d'entreprise. Ici, nous sommes bien dans l'esprit des principes confucéens de soumission et de domination.

En Asie, on évite les conflits directs pour préserver les rapports humains. Aussi est-il conseillé de ne pas imposer ses idées, du moins ouvertement, à l'autre. Il vaut mieux suggérer qu'affirmer ses opinions, ses sentiments. C'est également une marque de respect de laisser l'interlocuteur deviner ce que l'on veut lui dire.

Prenons, par exemple, le discours vietnamien. Il se tient à une certaine distance de la réalité. On ne peut le comprendre que lorsque l'on le rattache à un ensemble d'éléments énoncés, dans la durée : il faut reconstituer ce qui est dit et ce qui n'a pas été explicitement exprimé pour comprendre le tout. Les relations que les Vietnamiens veulent construire à travers un discours sont souvent affectées d'une sensibilité très forte. Pour ces raisons, l'interlocuteur étranger ne peut s'immiscer que très difficilement dans la conversation s'il n'a pas été mis dans la confidence auparavant.

Groupe Eyrolles

« Les paroles ne coûtent rien.
Arrange-toi pour qu'elles soient en accord avec le cœur de ton partenaire. »
Proverbe vietnamien

Que faire en situation de communication implicite ?

- Gardez tous vos sens en alerte pour bien saisir la pensée de votre interlocuteur.

- Ne demandez pas d'éclaircissements ; trouvez un moyen indirect de saisir le sens de ses paroles. Ou alors faites une pause avant de rompre un silence.

- Trouvez des moyens de dire « non », tout en sauvant la face – la vôtre et la sienne.

Comment vous préparer au dialogue véritable ?

1. Évitez le dialogue intérieur non-dit où chacun fait les questions et les réponses à la place de l'autre.

2. Sortez du silence, du non-dit, des stéréotypes, des rituels et des passe-temps. Osez exprimer vos émotions, même avec le risque de blesser ou d'être rejeté.

3. Acceptez votre personnalité, en particulier les traits de caractère que vous n'aimez pas... et cessez de penser que l'autre ne voit que cela.

4. Assumez vos désirs dans la relation, exprimez directement vos demandes, plutôt que de faire des reproches quand l'autre ne vous a ni deviné, ni comblé.

5. Ne faites pas dépendre votre valeur du regard de l'autre. Si vous savez vous donner de la valeur, vous saurez en donner aux autres.

6. Parlez en votre nom... dites « je » et non pas « nous ». Vous pourriez réduire l'autre à votre désir, devenir possessif et étouffant.

7. Dans l'échange, essayez d'ausculter sur qui se fait la centration : qui parle ? Qui écoute ? De quels lieux vient cette parole, mémoire, sensation, intelligence, sentiment, valeur ? Instaurez la réciprocité dans les temps de parole et d'écoute.

Groupe Eyrolles

8. Évitez les questions fermées, influencées ou indirectes, qui interrogent sur un tiers absent par exemple.

9. Soyez attentif aux demandes apparentes, aux réponses travesties qui cachent souvent les besoins et les désirs profonds.

10. Mettez-vous à l'écoute des différences de rythme, de besoins, d'attentes.

Vous voilà prêt à une rencontre authentique qui permettra à l'autre de se révéler en formulant ce qui était seulement pressenti… FÉLICITATIONS !

Mots clés

En Occident _____   _____ **En Asie**

Rencontre	Harmonie
Mise en commun	Communication implicite
Écoute	Communication sociale
Expression	Codes du langage
Parole	Parole
Mots	Tonalité
Gestes	Gestes
Silence	Silence

Chapitre 3

Le temps

« Le temps est un grand maître. »
CORNEILLE

À Taipei

Taipei, six heures du soir, des voitures dans tous les sens, un vacarme de klaxons assourdissants. L'avion a du retard. Arnaud a juste le temps de rejoindre son hôtel. Tan, le directeur de la succursale, vient le chercher à sept heures pour dîner.

Le jeune Français doit former l'équipe locale à l'art de la table, faïence de Gien, porcelaine de Limoges, cristal St Louis, argenterie Tiffany. Il a composé tout un programme sur les techniques de vente, les procédés de fabrication et la présentation des produits.

Va-t-il supporter cette vie pendant un mois ? Tous les matins, en allant au bureau, il voit des groupes de Tai Chi Chuan, comme à Shanghai. Cela a l'air simple. Pourquoi n'essaierait-il pas ?

À la fin de la première séance, il est déconcerté. Habitué aux salles de musculation parisiennes, il se retrouve au milieu d'un jardin, cherche à faire des mouvements proches de ceux de la nature – poisson, grue, hippopotame. Il a de la peine pour imiter le maître. C'est trop lent. Déjà la veille, au bureau, il trouvait les Chinois passifs. Ils ont peut-être un rapport au temps différent du sien.

À la cinquième séance de Tai Chi, le maître leur fait répéter la même forme pendant toute l'heure : cela aurait pu l'impatienter, mais, curieusement, il y découvre un plaisir inconnu. Il va chercher l'énergie dans son souffle, attentif à une respiration ample. Chaque mouvement de main, de coude, de pied change la position entière de son corps. Il apprend à faire des cercles avec ses membres pour laisser circuler la vie, à placer ses mains yin, paume vers le ciel ou yang, paume vers la terre.

Les jours passent. À la quinzième séance, il prend conscience de son énergie intérieure. Les événements extérieurs ont moins de prise sur lui. Il est enfin capable de profiter de l'instant présent.

Arnaud décide alors de laisser de côté le programme de formation qu'il a préparé à Paris. Il partira de leur expérience et invitera les collaborateurs à échanger, participer davantage. Avant son départ, pour le remercier, toute l'équipe l'invite à une cérémonie dans un temple bouddhiste.

C'est le nouvel an chinois. Arrivé devant le temple, il est saisi par l'odeur âcre de l'encens. Il aperçoit Tan dans un nuage blanc qui lui fait signe d'approcher. Il tient à la main un sam sam, boîtier rond en bois contenant des lamelles plates gravées d'inscriptions. Il l'agite à hauteur de sa poitrine jusqu'à ce qu'il en tombe trois lamelles. Il les porte au moine pour en avoir la signification, car ces prédictions sont écrites dans un langage sacré. Arnaud s'interroge : le sam sam permet-il au directeur de connaître ce que la nouvelle année réserve à l'entreprise ? Il s'étonne que tant de sagesse accompagne des croyances qui lui semblent puériles.

Il passe devant une succession de bouddhas jusqu'à une tenture carrée devant laquelle il s'arrête : « C'est la Roue de la vie », *chuchote Tan à l'oreille d'Arnaud.* « Elle décrit la destinée de l'homme, condamné à se réincarner tant qu'il n'a pas connu la lumière. » *Tan continue à mi-voix*

Groupe Eyrolles

comme s'il récitait un mantra. « La "Roue de la vie", ce sont ces cycles incessants de naissances et de morts. Tous les états d'êtres sont traversés par les hommes – végétal, animal, humain – avec les souffrances qui y sont associées. Seul Bouddha, l'Éveillé, libéré de l'ignorance, contemple cette roue affranchie de ces souffrances ».

Arnaud se souvient, il l'a lu. Le bouddhisme est une attitude envers la vie, l'homme cherche à atteindre la voie du milieu et il lui faut renoncer aux plaisirs terrestres pour rejoindre le niveau suprême de l'éveil.

Arnaud regarde attentivement la tenture et remarque au centre, un premier cercle représentant trois créatures : un coq rouge, un serpent vert, et un cochon noir. Chacune mord la queue de celle qui la précède.

Voyant le Français perplexe, Tan continue à murmurer à son oreille. « Ces trois créatures symbolisent les trois péchés capitaux, le désir, la colère et l'ignorance qu'il faut combattre pour atteindre l'éveil. Pour être heureux, il faut essayer », *conclut Tan en s'éloignant de quelques pas pour laisser à son hôte le temps de la méditation.*

Le temps, une richesse à apprivoiser en Occident

Une évidence pour l'homme

Le monde n'est pas figé, les éléments qui le composent bougent, se transforment, évoluent. Au quotidien, l'homme constate que la réalité est sans cesse altérée par des événements et que ce processus prend place dans un temps commun à tous. Dans un même temps, le soleil tourne, l'herbe pousse, les oiseaux s'envolent, les hommes montent dans les trains, les enfants jouent... Tous participent de ce vaste mouvement de la vie, demeurant cependant identiques malgré les changements subis. Le temps est lié au mouvement.

Telle est la perception subjective du temps, expérience d'une durée pendant laquelle des choses bougent, des actions arrivent, des changements s'opèrent, des événements interviennent.

Groupe Eyrolles

Naturellement, l'homme mesure le temps. Il en a une perception immédiate liée à ce qui se passe en lui et autour de lui, indépendamment du minutage objectif de ses activités. Le temps vécu dépend de son contenu, répétitif ou plein de changements. D'abord du fait de ses propres états de conscience : attente, émotion, ouverture, disponibilité… Le même temps peut paraître long à l'élève qui s'ennuie sur les bancs de sa classe, court à celui passionné par le cours. L'homme a aussi la possibilité de mesurer le temps par des instruments extérieurs, horloge, montre, chronomètre. Il s'agit du temps objectif, le même pour tous.

La mesure du temps

Contrairement à l'espace en trois dimensions, le temps est un objet de mesure très simple. Une date, un nombre suffit. Comme mesure du mouvement, le cours du temps peut être séquencé et compté par des intervalles réguliers. Une façon triviale de le mesurer consiste simplement à compter comme les enfants qui jouent à cache-cache. L'un compte jusqu'à dix pour donner aux copains le même temps pour aller se cacher. Il crée ainsi des repères, il marque des moments.

On peut aussi décider de créer des durées limitées. Le temps de parole à l'Agora était mesuré équitablement par l'écoulement d'une quantité bien connue d'eau dans une clepsydre. La régularité de certains événements a permis d'établir très tôt une référence de durée (calendrier, horloge…). L'homme a quantifié le temps, associant un nombre et une unité, en effectuant une mesure.

Avant, le temps était défini en fonction de phénomènes d'origine astronomique. La seconde était issue du jour défini comme la période de révolution de la terre sur elle-même. Lui-même subdivisé en heures, minutes et secondes. La science moderne a montré que les phénomènes astronomiques n'ont pas une durée constante et ne sont plus de bons supports pour définir une unité de temps.

Groupe Eyrolles

Aujourd'hui, on mesure le temps avec une précision reposant sur l'atome. C'est en 1967 qu'une décision de la Conférence générale des poids et mesures définit l'unité de temps en fonction d'un phénomène atomique. La seconde, étalon du temps, est définie par le temps nécessaire à un rayon lumineux bien défini pour effectuer 9 192 631 770 oscillations.

La mesure du temps ayant évolué, le concept « temps » lui-même a changé, et la vie quotidienne des hommes s'en est trouvée profondément modifiée.

Une énigme pour l'intelligence

Au-delà de la perception de l'écoulement du temps et de sa mesure, comment comprendre la nature intime du temps ?

« Ce mot, quand nous le prononçons, nous en avons, à coup sûr, l'intelligence et de même quand nous l'entendons prononcer par d'autres. Et bien ! le temps, c'est quoi donc ? N'y a-t-il personne à me poser la question, je sais ; que, sur une question, je veuille l'expliquer, je ne sais plus. » Augustin d'Hippone confesse sa difficulté à concevoir le temps malgré une perception simple au quotidien. Philosophes, scientifiques, psychologues, hommes de la rue ont souvent des vues bien différentes sur ce qu'est le temps. La question profonde est la même pour tous. Qu'est-ce que le temps, propriété fondamentale de l'univers, produit de notre observation ?

Un peu d'étymologie ne nuit pas. « Temps » vient du latin *tempus*, lui-même dérivé du grec *temnein* qui signifie couper. Il nous rappelle la division du flot du temps en éléments finis. Remarque intéressante, « temple » vient de cette même racine, il en est la correspondance spatiale, division de l'espace en secteurs, et « atome », cet infini de la matière, en dérive également.

Les philosophes occidentaux partent du même constat : le temps est lié aux mouvements, aux changements incessants dans la nature. Ils vont au-delà, ils l'inscrivent dans une verticalité liée à l'idée qu'il existe un « en dehors » du temps, dans lequel le temps n'a plus de prise.

Pour Platon, le temps est ce par quoi l'Éternité se manifeste, il est son média, *« image mobile de l'Éternité »*. Le temps ne peut pas se penser en dehors de l'hypothèse de l'Éternité, de l'Intemporel. Au-delà des apparences, cet idéaliste veut comprendre la réalité dans ce qu'elle a d'essentiel, monde des idées en soi, réflexion sur l'intériorité, vie de l'esprit. Le corps est soumis au temporel, au matériel, au changeant, à l'illusoire. L'âme est faite pour l'éternel, le permanent, l'indivisible, l'incorporel. Dans ce monde, elle est prisonnière des apparences d'un monde en perpétuel mouvement et doit chercher à s'en détacher pour s'élever vers ce qui est permanent. Cette vision dualiste a laissé une empreinte durable sur les façons occidentales de penser. D'un côté, le corps, le temps, le matériel, le corruptible ; de l'autre, l'âme, l'éternel, le spirituel, l'incorruptible.

Aristote, son disciple est plus observateur, il part de son expérience pragmatique et définit le temps comme *« le nombre du mouvement selon l'antérieur et le postérieur »*. Dans le présent, l'âme met le corps en mouvement, l'inscrit dans un avant et un après qui permettent les transformations, les changements dans la continuité, la permanence. Un homme, une femme vieillissent au fil du temps. Les traits changent, les cheveux blanchissent, la silhouette se courbe, mais l'identité des personnes reste la même sous ces modifications parfois importantes.

Conceptualisation et mesure du temps en Asie

La mesure du temps

Si l'Occident mesure ou quantifie le temps grâce aux différents outils (horloge à sable dès le VIIIe siècle, horloge à chandelle…), le temps a été matérialisé en Asie par la durée de brûlure du bâton d'encens dès le XIe siècle. L'introduction de la durée et du mouvement de cendre qui tombe du bâton ajoute alors à la notion de temps une connotation sacrée ou religieuse. Faut-il voir dans cette perception un lien : la durée rattachée aux événements ?

Un événement n'est perceptible que lorsqu'il y a un changement par rapport à l'instant passé, puis présent. Ainsi une fleur de nénuphar qui s'épanouit. De bouton, elle devient progressivement fleur pendant un laps de temps. Ces changements observés dans la nature, à travers les changements de saisons, nous entraînent dans un mouvement incessant de répétitions de certaines actions dans notre propre vie.

La constance du mouvement

À la fois changement et mesure du changement, le temps est en constant mouvement. Il est dynamique : l'instant d'avant conduit au présent, nous tirant indéfiniment vers l'avenir. Mouvement irréversible passant du visible à l'invisible.

« Un événement n'a de sens que s'il en appelle d'autres susceptibles de lui conférer un sens, donc de l'intégrer dans l'invisible. » (Source : « Le fil d'Ariane », résumé des relations Homme/Environnement, 23 janvier 2005). Entre le visible, ce qui est connu par l'action passée et le présent que nous vivons, il y a l'invisible, qui annonce l'inconnu. Le visible, l'existant, c'est la structure des choses et des êtres, immuable dans les répétitions, et l'invisible est senti à travers les diverses fluctuations.

Dans la philosophie asiatique, la vie ne signifie pas commencement, et la mort ne signifie pas la fin de l'événement. L'homme est *ren*, signifiant en chinois « être humain » existant parmi d'autres éléments de la nature, végétal ou minéral.

人 *ren* : homme, personne humaine

Le temps est considéré comme un flux qui se propage indéfiniment. Prenons par exemple le *haïku* japonais, poème traduisant une impression très brève, comme une sorte d'instantané photographique d'un mouvement permanent.

> **Exemple de haïku**
>
> « Quelques voiliers blancs
> Voguant sur la Seine
> Calment mon cœur. »
>
> Rany Keo Kosal

Le sens de l'histoire, version occidentale

Temps linéaire, temps cyclique

Le temps suppose changement et permanence. Il est perçu dans deux composantes.

L'une est cyclique. Dans la nature, les cycles planétaires et saisonniers ont toujours servi de repérage temporel. La vie humaine s'insère dans ces cycles du cosmos, rotation des planètes, suite continue de l'été, de l'automne, de l'hiver, du printemps. De façon générale, les religions antiques et sagesses humaines ont fait du retour éternel des choses la loi fondamentale du temps. De même dans les traditions occidentales, le calendrier solaire sert de référence. Bien avant l'invention des sabliers et horloges mécaniques, le cycle du soleil servait de référence au temps qui passe.

En Occident, la tradition judéo-chrétienne a complété cette vision cosmique du temps qui tourne par une conception plus linéaire du temps, avec un commencement, une fin. Entre les deux, le monde est en évolution sans possibilité de retour, suite de passages de la naissance à la mort.

> **Qu'est-ce que la tradition judéo-chrétienne ?**
>
> Il s'agit d'une tradition de pensée issue des deux religions révélées, judaïsme et christianisme. Elle développe des concepts nouveaux et originaux par rapport aux systèmes de pensée grec

Groupe Eyrolles

et primitif. En particulier, elle pose le concept de création du monde *ex nihilo* par un Dieu transcendant. Elle place l'homme au centre de l'univers, appelé à dominer la terre et à participer à sa fécondité et sa croissance. L'univers est pour l'homme, et l'homme pour Dieu. Enfin, elle éclaire le problème du mal par un événement originaire, le péché. Nos premiers parents auraient transgressé l'ordre divin et manifesté le refus de leur condition de créature et de leur dépendance à Dieu.

Les deux visions sont souvent opposées, à tort. Pour Aristote, tout ne s'articule-t-il pas entre un avant, un pendant, un après ? L'instant est l'élément principal. D'un côté il divise le temps en deux ; de l'autre, il le limite et en unifie les parties. L'instant est cet élément indivisible, rupture et présence à la fois, qui partage le temps linéaire en passé et futur. Aristote n'abandonne pas l'hypothèse cyclique, il la rend accessoire. Le temps trouve sa puissance dans l'insistance d'un présent qui se suffit à lui-même, *« pour une part il a été et n'est plus, pour l'autre il va être et n'est pas encore »*. Ainsi le retour, rabattu sur un passé simple, et le devenir, confondu avec un simple futur, n'existent que par rapport à l'instant qui les réunit.

Le temps chrétien s'inspire de ce modèle linéaire. Il est le don d'un Dieu transcendant, l'Éternel, Yahvé, *« je suis celui qui suis »*. Il est sans commencement, ni fin, en dehors du temps. C'est Lui qui crée le temps historique, entre une Création et un Jugement dernier, l'Apocalypse. Il l'offre en usage aux hommes tout en se permettant d'intervenir dans leur destinée. D'origine divine, le temps a donc une valeur universelle, et chaque homme va y inscrire son histoire subjective.

Le temps a, en lui-même, une valeur sacrée. Non parce qu'il répète une histoire primordiale, mais parce qu'il apporte du neuf, au fur et à mesure que les étapes du dessein de Dieu se succèdent, chacune ayant une signification particulière. L'intention divine oriente les hommes vers une fin mystérieuse, où le temps atteint un terme, une plénitude.

Les conséquences dans la vie des hommes sont multiples. D'un côté, les hommes s'inscrivent dans cette histoire, ils ont un commencement, une naissance et une fin, une mort. Leur vie est éphémère, limitée, véritable « néant » au regard de l'immortalité. De l'autre, la vie est un temps d'action, d'espérance, de promesses attendues. Bien qu'orientés vers leur finalité dernière, le retour vers le divin, les hommes gardent une certaine maîtrise de leur destinée terrestre. Ils ne sont en aucun cas déterminés, leur liberté restant intacte. L'âme humaine est autonome, non reliée au cosmos, elle ne connaît pas un développement cyclique dépendant des astres. Les actions de l'homme ne sont plus la répétition d'une histoire primordiale des dieux comme le sont les cycles de la nature, l'homme est responsable de ses actes.

Chronos, kaïros et leur représentation

Les Grecs avaient deux mots pour parler du temps : *chronos* et *kaïros*. *Chronos*, temps linéaire, répétitif, programmé, fait le jour, la nuit, les saisons. Temps prévisible, il fonde le calendrier : *chronos* nous permet d'avoir des rendez-vous, d'organiser notre agenda, de diviser notre semaine en travail et en loisirs – c'est à *chronos* qu'il est fait référence aujourd'hui pour parler de gestion du temps ou d'atteinte des objectifs. Le temps programmé, uniforme, ce sont toutes les fêtes de Noël que nous avons connues dans notre vie.

Kaïros, l'opportunité, l'occasion, l'événement, vient déprogrammer le *chronos*, le mettre dans tous ses états. Chute du mur de Berlin, fin du communisme, ces faits de civilisation sont advenus sans être prévus. Comme certains événements personnels qui surgissent, « comme ça », sans correspondance avec nos attentes. C'est le fameux Noël où votre père s'est réconcilié avec votre mère, contre toute espérance... et ce Noël, vous vous en souvenez parce que rien ne s'est passé comme prévu, rien n'a plus jamais été comme avant.

Chronos est un temps pensé, un temps qu'on remplit sur son calendrier. *Kaïros* est un temps vécu, inédit, irréversible, en rupture. Bref, entre *chronos* et *kaïros*, il y a toute la différence qu'il y a entre un temps monotone, parfois ennuyeux, et un autre, inédit, qui peut créer une nouvelle direction, un changement d'orientation en quelques instants. Tout semble bien construit et, brusquement, tout bascule.

Le temps doit-il être représenté par une droite, temps linéaire, ou un cercle, temps cyclique ? La physique et la cosmologie, en premier lieu, ont dessiné le *chronos* par une flèche. Le présent est un point mouvant qui délimite sur la flèche les infinis à ses deux bornes. Pendant ce temps d'autres sagesses représentaient l'aspect cyclique par une roue, celle de l'éternel retour.

Qui est Chronos ?

Dans la mythologie grecque, c'est un dieu primordial personnifiant le Temps. C'est un être immatériel, apparu à la création du monde. Il est représenté sous les traits d'un serpent à trois têtes (une d'homme, une de lion et une de taureau) enlacé avec son épouse Ananké (déesse de la Nécessité, de la Fatalité) autour du monde œuf. Ils sont censés entraîner le monde céleste dans sa rotation éternelle.

Et le rapport au temps, en Asie ?

Si la philosophie asiatique retient la notion de flux ou de souffle, la dispersion de ce souffle vital permet de relier tous les êtres dans un cadre harmonieux. Il ne faut pas oublier qu'en 2700 av. J.-C., les Chinois avaient utilisé comme étalon universel la distance entre deux nœuds de bambou pour émettre une note de musique. La notion de temps est toujours reliée à celle de l'espace.

Citons un exemple simple : à l'Opéra de Pékin, on applaudit une cantatrice lorsqu'elle arrive à passer d'une note à l'autre dans une expression continue sans souffler, alors qu'à l'Opéra de Paris, les cantatrices reconnues doivent « tenir » le plus longtemps possible une note.

Le temps cyclique

Le temps est cyclique, puisque, comme la grande roue, le temps tourne et passe de la nuit au jour qui nous amène la nuit et ainsi de suite. Comme les saisons, les vies se succèdent, meurent et renaissent : chaque vie humaine fait partie d'un cycle de plusieurs vies à travers morts et renaissances jusqu'à l'accession au Nirvana ou à la Béatitude éternelle.

Qu'est-ce que la Roue de la vie ?

Le Bouddha, assis sous l'arbre de la Bodhi, vit une grande roue. Cette roue embrasse la totalité de l'existence conditionnée, elle est de même étendue que le cosmos, elle contient tous les êtres vivants. Elle tourne sans arrêt : elle tourne le jour et la nuit, elle tourne vie après vie, elle tourne ère après ère. Nous ne pouvons voir quand elle a commencé à tourner, et nous ne pouvons pour l'instant voir quand elle cessera de tourner : seul un Bouddha voit cela.

« C'est sa vision de l'existence humaine, communiquée par des concepts et des symboles. La signification de sa vision est très claire. C'est une vision de possibilités. C'est une vision d'alternatives. D'un côté, il y a le type de conditionnalité cyclique, de l'autre, le type de conditionnalité spirale. D'un côté, il y a l'esprit réactif, de l'autre, l'esprit créatif. On peut soit stagner, soit croître. On peut soit rester assis et accepter la boisson des mains de la femme, soit refuser la boisson et se mettre sur ses deux pieds. On peut soit continuer à tourner passivement et sans espoir sur la Roue, soit suivre le Chemin, monter l'échelle, devenir la plante, devenir les fleurs. Notre destin est entre nos mains ». (Urgyen Sangharakshita)

Ainsi, pour les Chinois, il y a toujours une relation entre l'être humain qui agit et la nature macroscopique qui reçoit, et parfois subit ses actions. Tout y est interrelationnel et interdépendant. C'est l'évolution

Groupe Eyrolles

de l'action dans la vie qui crée l'unité considérée comme un tout. C'est donc la conjonction de toutes les actions qui modèlent le monde.

Le concept taoïste de la voie à suivre

Comment agit l'être humain ? Son action est dictée par le choix du chemin à suivre, développé par le concept de *Dao* ou *Tao*, c'est-à-dire la voie qui renvoie à l'action. Notre vie actuelle est la conséquence de nos actions bonnes ou mauvaises de nos vies passées.

À partir de ce concept de voie à suivre, s'est développé en Chine le taoïsme qui cherche à découvrir dans un monde changeant ce qui est stable. Grâce à la recherche des lois sous-jacentes aux changements de l'univers, les taoïstes peuvent se fondre dans ces lois : c'est en quelque sorte une forme d'évasion. Au-delà de la succession de la vie et de la mort, existe un tout où se confond le « moi ». Ces « moi » successifs, innombrables, forment le monde qui est composé de « mille Êtres », selon la philosophie taoïste.

Nous savons déjà que la philosophie asiatique ne pose pas le problème de la création : c'est un fait. Le monde existe de par lui-même.

Bien que les choses soient en permanente mutation, les lois qui président à leur changement sont immuables.

La structuration moderne du temps occidental

L'accélération des mouvements

En Occident, chacun prend appui sur sa culture historique du temps pour définir son propre temps psychologique. Chaque perception est le fruit des activités de l'homme, avec ses exigences propres. Nul doute alors que le pêcheur, l'artisan et le cadre supérieur ne partagent pas exactement la même notion de temps quotidien, alors même que le temps est conçu comme une réalité universelle.

De façon générale, les inventions technologiques modernes ont accéléré les mouvements, modifiant substantiellement notre rapport au temps. Le développement des moyens de transport, de communication, a changé la relation que l'homme entretient à lui-même, à la nature et aux autres. Il fallait des jours de diligence pour traverser la France, une heure d'avion suffit. Un message arrive instantanément à l'autre bout du monde *via* Internet.

La perception moderne du temps s'en est trouvée modifiée. Le temps n'a plus la même valeur, il n'est plus subi mais « dompté » par l'homme, au service de ses besoins. L'avenir est roi, lieu de sens, car il est le temps de toutes les promesses. Le présent est délaissé, il n'est plus habité. L'homme court sans fin après des futurs meilleurs, il veut sans cesse autre chose, toujours plus.

C'est l'émergence d'une société du tout, tout de suite. Facilement submergé par cette course, pressé d'agir à un rythme qui n'est pas le sien, l'homme perd facilement son calme, son recul, voire sa sérénité, sa santé et même sa vie. Plus grave encore, l'être tourné constamment vers l'avenir manque de racines, de stabilité. Il devient confus sur ce qu'il est et traverse des crises profondes d'identité.

Comment vivre notre temps sur terre ? La course au temps est-elle inévitable ?

Le rapport au temps, différent selon la personnalité

Au quotidien, chacun perçoit le temps selon son tempérament. Certains le voient comme une donnée mesurable. Ils le contrôlent, respectant délais, horaires, programmes. Ils calculent le temps nécessaire pour faire les choses, prenant une marge de sécurité pour ne pas vivre sous pression. Ils anticipent les imprévus et prévoient des occupations pendant les temps d'attente, histoire d'éviter de « perdre son temps ».

D'autres le voient comme un flux indéfinissable aux limites imprécises, élastiques. Ils considèrent qu'ils ont le temps et ne se pressent pas. Dans l'attente, ils sont peu patients avec les autres. Ils s'attardent en préliminaires et se précipitent au dernier moment pour faire les choses, ils ne fonctionnent bien qu'en produisant sous la pression.

Dans laquelle de ces descriptions vous reconnaissez-vous ?

Et si vous changiez votre regard sur la « gestion du temps », expression bien ambivalente ? Le temps n'appartient à personne, nous n'avons pas de prise sur lui, tout au plus sur nous-mêmes pour organiser nos activités de manière à ce qu'elles soient respectueuses du temps – de son temps, du temps des autres, temps objectif et aussi subjectif.

Évaluer le temps, se donner du temps, en donner aux autres, ou au contraire, se dépêcher, presser les autres, utiliser le temps pour transformer, pas seulement pour comprendre : autant de choix à faire tout au long de nos journées. Ces choix sont plus importants qu'il n'y paraît, influençant les performances, les résultats, le climat dans lequel ils sont réalisés, influençant aussi la croissance des personnes.

La concurrence entre temps de la réflexion et temps de l'action

Les sociétés occidentales industrialisées modifient le rapport traditionnel au temps. Le temps du quotidien subit les assauts de l'instantané : médias, nourriture, déplacement… Les actions s'accélèrent, les contraintes du temps se font plus ou moins sentir dans la mesure où l'on peut profiter des nouvelles facilités technologiques – mobiles, Internet, trains à grande vitesse, avions… L'adage réputé donne le ton : « *Le temps, c'est de l'argent.* » Liée au « vite fait bien fait », la société évalue la productivité en qualité du résultat sur quantité de temps.

Quels que soient les avantages ou les pertes liés à cette mutation parfois brutale, le temps de l'humain n'a jamais été le temps de l'économie. La lenteur est une caractéristique fondamentale du rythme des sociétés humaines, force d'inertie qui permet la cohésion. Temps de la réflexion et temps de l'action entrent en concurrence jusqu'à faire éclater parfois les repères psychologiques. Dans les zones urbanisées, le temps personnel est de plus en plus sacrifié sur l'autel des contraintes de la vitesse, ces zones étant les hauts lieux de la consommation de psychotropes.

La lenteur systématique n'est pas non plus une panacée. Le juste temps, l'évaluation de la durée que prennent les choses à faire est souvent capitale dans l'appréciation du talent des personnes. Trop vite, pas assez vite sont des indicateurs précieux.

Si vous donnez trop de temps à un enfant pour faire ses devoirs, il est probable qu'il finisse par rêver ou jouer. Pas assez de temps à vos cadres pour réfléchir et s'organiser, ils finiront sous stress, pauvres en créativité, peu flexibles dans les changements.

Méditation transcendantale, adoration contemplative, quelle attitude spirituelle adopter ?

C'est toute une attitude spirituelle en face de la vie qu'il s'agit d'adopter, de développer, nous rassemblant dans le présent pour faire alliance avec le passé et inventer le futur. Méditation transcendantale, adoration contemplative, qu'elles soient d'inspiration orientale ou occidentale, les pratiques spirituelles sont souvent garantes d'un bon équilibre dans une gestion de notre vie respectueuse du temps.

Leur mouvement est bien différent : la méditation transcendantale recentre le sujet sur soi, l'adoration contemplative décentre le soi pour l'orienter vers le Tout Autre dans lequel il trouve son identité véritable. Pourtant, l'un comme l'autre vont permettre aux personnes d'échapper petit à petit au tourbillon des choses « à faire » qui aspirent la vie sans permettre de la vivre vraiment.

Qui est Dieu transcendant ?

Dans les religions juive et chrétienne, Dieu s'appelle Yahvé, « Je suis », le Tout Autre, et cependant proche de nous. Dieu voit tout, il sait tout et est présent aux côtés de ses créatures qui ne peuvent se soustraire à lui. Toutefois sa présence n'est pas oppressante. Il s'agit d'une présence salvifique qui embrasse tout l'être et toute l'histoire. Chaque parcelle de l'espace, même la plus secrète, contient une présence active de Dieu. Du côté du temps, symboliquement représenté par les ténèbres et par la lumière, Dieu est présent. Même l'obscurité, dans laquelle il est difficile de marcher et de voir, est pénétrée par son regard et par sa présence.

L'adoration contemplative, fleuron de la vie spirituelle occidentale chrétienne, permet d'échapper à la course du temps en se reliant à un Dieu transcendant, Tout Autre, Éternel présent. Le lien avec Dieu est une intime communication, une union d'amour avec l'Éternel. Le temps disparaît, l'infini prend sa place, réunifiant passé, présent, futur en notre identité fortifiée.

Vivre la vie terrestre, ici et maintenant, ancrée dans l'Éternel présent, n'est-ce pas source de béatitude ? Avec cette certitude que notre présent n'est pas un instant séparé du passé et de l'avenir, mais Présence, semence issue de l'arbre de notre histoire, appelée à féconder notre futur pour nous rendre toujours plus nous-même. Nous vivons dans le temps sans être prisonnier des contraintes du temps.

Poème sur l'adoration contemplative – Jean de la Croix

> « Oh flamme d'amour vive
> Qui tendrement me blesses
> Au centre le plus profond de mon âme
> Toi qui n'es plus rétive
> Si tu le veux bien laisse
> De ce doux rencontre brise la trame

Oh brûlure de miel
Oh délicieuse plaie
Oh douce main oh délicat toucher
Qui a goût d'éternel
Et toute dette paie
Tuant la mort en vie tu l'as changée

Oh torches de lumière
Dans vos vives lueurs
Les profondes cavernes du sentir
Aveugle obscur naguère
Par d'étranges faveurs
Chaleur clarté à l'ami font sentir

Oh doux et amoureux
Tu t'éveilles en mon sein
Où toi seul en secret as ton séjour
Ton souffle savoureux
Tout de gloire et de bien
Oh délicat comme il m'emplit d'amour. »

La délivrance par la méditation en Asie

Avec le brahmanisme puis le bouddhisme, s'est accentuée la croyance en la transmigration. La notion de « *samsâra* brahmanique » ne veut pas dire exactement « naissances et morts sans fin », mais désigne l'action de « traverser une série d'états », avant d'atteindre le *nirvana* ou le niveau suprême de la béatitude.

Le *samsâra*

Ce terme désigne le cycle infini des renaissances. Les hommes naissent, meurent et renaissent sans cesse dans un cycle infini.

Enchaîné au *samsâra*, auquel il ne peut échapper, l'homme souffre et ne peut se libérer que par une vie vertueuse.

Dans le bouddhisme, qui est basé sur le thème de l'inconsistance de la condition humaine, de sa misère dont la cause est le désir, l'homme peut être délivré de ses souffrances non par la grâce des dieux, mais par un effort de lui-même dans la méditation. C'est à chacun d'être responsable de sa destinée future dans sa vie future, par la relation de cause à effet. Celui qui accomplit en cette vie un ensemble d'actions méritoires renaîtra dans la vie prochaine sous une forme et dans des conditions favorables et heureuses.

Qu'est-ce qu'être bouddhiste ?

Être bouddhiste consiste à appliquer dans la vie quotidienne des principes enseignés par Bouddha : avoir des pensées pures, prononcer des paroles pures et faire des actions pures. Le bouddhiste reconnaît l'existence des Quatre Nobles Vérités qui vont lui permettre de comprendre la nécessité de lutter contre ses désirs, sources de ses souffrances, et de se libérer d'elles :

- La Noble Vérité de la souffrance ;
- La Noble Vérité au sujet de la souffrance ;
- La Noble Vérité de la cessation de la souffrance ;
- La Noble Vérité qui mène à la cessation de la souffrance.

Bouddha signifie « l'Éveillé » : l'éveil est le but à atteindre pour tout *Bodhisattva*, celui qui recherche l'Éveil.

L'homme est ramené à son vrai état d'impermanence, de faiblesse et d'absence de soi-même : c'est le *Dharma* ou règle de vie conforme à la morale qui lui indiquera le chemin l'amenant à la délivrance de ses souffrances pour atteindre l'état de béatitude. Cet état ne peut être atteint qu'avec la cessation de la souffrance, cause de désir inassouvi.

Quel est donc ce chemin à suivre qui conduit à la réalisation du *nirvana* ou état de béatitude ? Il est connu sous le nom de *« voie du milieu »* parce qu'il évite deux extrêmes, l'une étant la poursuite du bonheur terrestre attaché aux plaisirs des sens, l'autre la pratique vaine des mortifications douloureuses.

C'est ainsi que se sont développés les trois principes qui gouvernent l'entraînement par l'apprentissage et la discipline bouddhique :

- la moralité basée sur l'amour et la compassion ;
- la discipline mentale par les efforts et la concentration ;
- la sagesse par la pensée juste et la compréhension juste.

C'est donc un système complet qui permet d'atteindre la réalisation de soi.

Quelques conseils pratiques pour profiter de votre voyage à Taipei

- Partez à la rencontre des Taïwanais sans préjugés.
- Plongez dans le quotidien et vivez comme un Taïwanais : prenez le bus, allez au marché, faites des courses…
- Dépassez les situations incompréhensibles par le sourire.
- Ne montrez pas votre impatience.
- Acceptez l'étranger que vous êtes.
- Taipei est une ville très sûre, et les Taïwanais sont très généreux envers les étrangers.

Pour tirer meilleur parti du temps

- Analysez l'activité. Quelles sont vos forces et limites pour l'accomplir ? Appuyez-vous sur vos atouts sans méconnaître vos faiblesses.
- Abstrayez-vous de l'agitation du quotidien. Avez-vous pensé à prendre des rendez-vous réguliers avec vous-même ? Luttez contre la dispersion, gardez votre esprit hors des pressions extérieures, des changements d'environnement.

Groupe Eyrolles

- Hâtez-vous lentement… Lenteur, vitesse, précipitation, dans quel rythme êtes-vous ? Convient-il à l'activité ? Cultivez la stabilité émotionnelle qui donne de la force.

- Durez dans l'effort… « Paris ne s'est pas fait en un jour. » Hésitez-vous à remettre jour après jour l'ouvrage sur le métier ? Qu'il s'agisse de réfléchir ou d'agir, cultivez la régularité et la constance au quotidien.

Mots clés

En Occident _____ _____ **En Asie**

En Occident	En Asie
Mouvement	Méditation
Temps compté	Roue de la vie
Passé, présent, futur	Temps ressenti
Temps de la réflexion	Temps vécu
Temps de l'action	Temps cyclique
Éternité	Impermanence
Contemplation	Patience

Chapitre 4

La nourriture

« Bien manger c'est atteindre le ciel. »
PROVERBE CHINOIS

À Ho Chi Minh

Ho Chi Minh Ville, restaurant « Fleur d'Hibiscus », l'après-midi… Arnaud salue Hoa, l'épouse de Minh, chef renommé. Il vient présenter sa collection d'art de la table : assiettes, plats, tasses à thé en porcelaine de Limoges.

Hoa saisit chaque pièce une à une. Elle les fait tourner dans ses mains longues et fines. Elle hoche la tête. Visiblement, elle apprécie. Arnaud observe ses moindres gestes. Hoa caresse les décors de fleurs et de feuilles. « C'est très beau, dit-elle dans un souffle, cela va beaucoup plaire. Puis-je me permettre une demande ? » Elle souhaite que la porcelaine soit travaillée en d'autres formes. Elle a besoin de petits bols à riz avec cuillère assortie, de tasses à thé arrondies, de grandes assiettes, de coupes à fruit. Elle lui dessine un hibiscus rouge pour décor, rappel de l'enseigne du restaurant.

Groupe Eyrolles

Arnaud se laisse convaincre, charmé par la douceur de Hoa. Il fait durer l'instant. « Avez-vous besoin d'autres choses pour la cuisine ? Nous proposons aussi des plats à four, des moules à flan, des cocottes en grès émaillé. »

Hoa hésite. Elle doit demander à son mari. Elle conduit Arnaud à la cuisine. Penché sur la table, Minh coupe et découpe la viande, les légumes, les herbes en minuscules morceaux. Le couteau rebondit sous sa main. Un fumet de nuoc-mâm et d'épices emplit la pièce. Bruissement de l'eau sur les casseroles, Hoa s'arrête à côté de son mari et attend qu'il ait fini son œuvre.

Sans lever les yeux, le chef lance quelques mots à sa femme qui répond : « Je veux te présenter Ong Marin, il est représentant en art culinaire. » *L'instant d'après, elle disparaît, le laissant en tête à tête avec le Vietnamien.* « Que voulez-vous », *marmonne-t-il en anglais. Arnaud ne répond pas. Un temps s'écoule. Le chef daigne accorder un regard à l'étranger. Immobile, le Français ose une question :* « Donnez-vous des cours de cuisine ? »

Peu à peu, Minh se déride jusqu'à devenir loquace. « Notre cuisine est fine et légère, j'utilise beaucoup de légumes et d'épices, sans beurre ni huile, même pour les salades. Je préfère les crevettes et les crustacés à la viande. Au Vietnam, on a près de 500 plats nationaux, différents entre le nord, le centre et le sud. Ici, on utilise beaucoup la noix de coco, parce que nous aimons bien les plats sucrés. Nous y ajoutons de la citronnelle ou de la coriandre, parfois du basilic. Nous salons avec du jus de poisson séché, le nuoc-mâm. Les Chinois, eux, utilisent la sauce de soja et d'huître, beaucoup plus grasse.

Ma femme m'a dit que vous êtes représentant en art culinaire. Que vendez-vous exactement ? » *Minh écoute enfin Arnaud. Les deux hommes s'animent. Ils dîneront ensemble le soir même.*

Revenant au restaurant, Arnaud trouve une salle bondée et animée. Hoa l'accueille avec le même sourire réservé : elle l'invite à s'installer à la table du fond déjà dressée. Bols, baguettes et tout un assortiment de condiments placés dans des coupelles délicates : nuoc-mâm, sauce piquante, et même du piment frais.

Intrigué, il observe, voit arriver plusieurs plats en même temps. Potage aux crevettes, salade composée avec des feuilles de bananier, soja, concombre, menthe, coriandre, basilic et autres verdures exotiques, des galettes de riz, des boulettes de viande, des crevettes à la sauce piquante. Est-ce la fin ? Non, le serveur dépose sur la table un grand plat de poisson-chat grillé accompagné de riz blanc, et une assiette de légumes sautés.

Tout est disposé au centre de la table. Combien sommes-nous à dîner ? Il n'y a que deux bols dressés. Minh arrive, salue Arnaud d'un signe de tête, s'installe à côté de son invité et lui fait signe de faire comme lui, piquer dans les plats avec ses baguettes.

Les deux hommes savourent en silence. Minh ponctue de temps en temps. « Cela vous plaît-il ? Reprenez un peu de sauce. Une autre bière ? » *Au fil de la soirée, les bruits de la salle s'estompent. Arnaud se retrouve seul avec son hôte. Le Français semble gêné, Minh lance la conversation.* « Vous aviez déjà mangé vietnamien ? On mange bien en France aussi. Glatin dauphinois, quiche lollaine, tate tatin », *lance-t-il avec un regard gourmand.* « Et le vin !!! »

Arnaud, amusé : « Vous avez déjà voyagé en France ? » *Le Vietnamien a passé un an à Nice pour travailler dans un restaurant, il en garde un souvenir ému.* « C'est riche la cuisine française, *dit-il,* j'avais pris cinq kilos. Comment faites-vous pour être mince en France ? » *Arnaud lui explique la mode du bio, du végétarien, de la bouteille d'Évian. Il raconte l'engouement pour les régimes et le jogging, un vrai calvaire de rester svelte pour les Occidentaux. Minh éclate de rire, et saisit un dernier beignet de banane.*

L'art culinaire en Occident

Un must du patrimoine culturel

Cuisiner, n'est-ce pas s'inscrire dans la culture immémoriale de son pays ? Les plaisirs de la table nous enracinent dans une tradition, celle d'ancêtres qui ont créé l'art de se nourrir, partant de mets simples, inventant des recettes de cuisine transmises de génération en génération comme un héritage précieux.

Les cultures alimentaires sont très variées selon les continents, les pays, les climats. Les pâtes sont associées aux Italiens, les saucisses aux Allemands, le pain et le vin rouge aux Français, le hamburger et le coca aux Américains. Les aliments et boissons sont de puissants marqueurs culturels, ils permettent de se définir dans un groupe, d'afficher une appartenance.

Recette du pain

Diluez 10 g de levure fraîche de boulanger dans 210 g d'eau légèrement tiédie (environ 20 °C) et mélangez bien.

Malaxez 350 g de farine de blé et 10 g de sel avec l'eau et la levure.

Dès que la pâte est homogène, pétrissez 15' en soulevant la pâte pour l'étirer et en la rabattant sur elle-même. La pâte deviendra lisse et souple.

Formez une boule, laissez-la reposer 1 heure dans une terrine recouverte d'un linge. La boule doit doubler de volume.

Retournez la pâte sur une table légèrement farinée, aplatissez-la avec les deux mains afin de libérer le gaz qu'elle a emprisonné et formez de nouveau une boule.

Déposez-la sur la plaque de cuisson, recouvrez-la d'un linge légèrement humide et laissez-la reposer environ une heure.

Groupe Eyrolles

Faites chauffer le four à 250 °C (thermostat 8). Avant d'enfourner, humidifiez le dessus avec un papier absorbant, et faites des entailles peu profondes avec un couteau très tranchant. Au bout de 20', diminuez la température (thermostat 6), et laissez cuire encore 20'.

L'art culinaire fait partie du patrimoine d'une communauté, il répond à une architecture et à des règles bien précises. À l'intérieur d'un même pays, les aliments choisis délimitent des espaces, établissent des cartes culinaires : cassoulet du Sud-Ouest, crêpes bretonnes, quenelles et saucissons lyonnais, gratin dauphinois, farcis niçois, ratatouille et bouillabaisse provençales.

Plus largement, en Europe, choucroute bavaroise, *Apfelstrudel* et forêt-noire allemands, *shepherd's pie* et *scones* anglais, blinis, caviar et vodka en Russie, *tapas*, *gaspacho* et *paella* espagnols. Sans omettre nos amis américains, qui cuisinent le homard avec finesse et nous régalent d'*ice-cream*, *muffins*, tarte aux carottes et potiron.

Les modes de préparation sont aussi la marque d'un territoire. Au nord de la France, la cuisine est au beurre, plus sucrée et riche en graisse animale. Au sud, à l'huile d'olive comme dans tout le pourtour méditerranéen, riche en fruits et légumes. La cuisine, comme une poésie, voyage dans le plaisir, à la découverte de saveurs inconnues. Elle est un moyen d'explorer le monde, de découvrir de nouveaux aliments, de nouvelles cuisines.

Les espaces définis ne sont pas seulement géographiques. La cuisine trace aussi des frontières sociales, entre les cuisines populaires composées de plats simples, nourrissants, et les cuisines raffinées avec leurs mets complexes à base de produits plus rares.

Groupe Eyrolles

« Un cuisinier quand je dîne
Me semble un être divin,
Qui du fond de sa cuisine
Gouverne le genre humain.

Qu'ici bas on le contemple
Comme un ministre du ciel,
Car sa cuisine est un temple
Dont les fourneaux sont l'autel. »

Marc-Antoine Désaugiers

Le coin des gourmets

En Occident, contrairement à d'autres régions du monde, les problèmes de pénurie alimentaire sont devenus rares. Sauf situations extrêmes, la recherche de nourriture n'est plus une préoccupation, manger à sa faim est habituel. La quête s'est déplacée vers le bien manger, faire du repas non seulement un moment d'apaisement de la faim, mais un acte agréable par le plaisir des sens – vue, odorat, goût.

Au-delà de la fonction de « nourrir », la cuisine est une alchimie vieille comme l'humanité, destinée à régaler, à flatter les papilles. Elle procure du plaisir. Plus encore, elle est capitale dans la formation de l'intelligence dont le but est de discerner, de séparer, de nommer. Elle aiguise les sens, forme le palais à reconnaître les ingrédients utilisés dans chaque plat. Ne voit-on pas fleurir des ateliers du goût ?

À table, face à une tribune de cuisiniers, d'artisans, de vignerons, chacun déguste les produits qui lui sont contés. Après un exposé sur la production, l'histoire, le terroir, les origines des aliments, arrive le moment de sentir, goûter, comparer et échanger des commentaires et des avis. L'idée est simple, les arômes, les saveurs, les couleurs ne s'expliquent pas. Il faut humer, goûter, savourer. En éduquant le goût et l'odorat, l'on apprend à distinguer les spécificités d'un produit, d'un vin, on expérimente des alliances stimulantes.

La cuisine vient traditionnellement par la mère. La première relation du bébé avec sa maman passe par l'alimentation. Dès le sevrage du sein maternel, elle cherche la bonne nourriture, celle qui répond aux besoins et aux goûts de l'enfant pour sa santé et sa croissance. L'organe du goût se forme dès la vie intra-utérine. Sucré, salé, acide, amer… les quatre saveurs de base n'ont pas de secret pour le bébé. Après la naissance, le goût est formé par le lait de la mère aux saveurs empruntées de ses habitudes alimentaires. Puis l'enfant intègre des aliments aux goûts nouveaux, odeurs et textures nouvelles – légumes, viande, poisson, fromage, fruits…

Nourrir, un acte d'amour

La plus grande partie de son temps quotidien, la mère le passe à nourrir, éduquant l'enfant à travers cette activité qui semble banale. Au-delà, elle construit une relation d'amour avec son fils, sa fille, base de l'équilibre psychoaffectif.

Des expériences terribles ont prouvé que nourrir un bébé sans le prendre dans les bras le conduit à la maladie et à la mort, même avec un régime très équilibré. L'amour qui accompagne le geste de nourrir donne la vie autant que l'aliment avalé. En nourrissant, la mère rejoint la pulsion vitale du manger, c'est pourquoi on peut oublier sa langue maternelle, la cuisine de sa mère, rarement.

Aujourd'hui, pour certaines femmes, passer tous les jours du temps en cuisine semble une perte de temps, un esclavage. Celles qui travaillent ont peu de temps, souvent partagées entre le « tout fait » pour aller vite et le « cuisiné maison » pour faire plaisir.

Pourtant toute mère sait instinctivement qu'en cuisinant, elle permet la construction de l'équilibre psychoaffectif de ses enfants. En une seule activité, elle comble les besoins de plaisir corporel de ses enfants, elle sert leur santé physique et nourrit leur équilibre psychique.

Groupe Eyrolles

Comment est perçu l'art culinaire en Asie ?

L'Asie, terre de saveurs et de couleurs

De l'Inde à la Chine, les voyageurs traversent non seulement une variété de pays, de traditions, de peuples, mais aussi une multitude de couleurs, d'odeurs et de saveurs. L'Inde laisse dans notre imaginaire des couleurs safran, des souvenirs d'épices ; la Chine, une grande diversité de plats uniques, parfois étranges, souvent inconnus, tous délicieux, alors que certains plats thaïs nous reviennent délicatement encore dans le palais.

Quoi de plus épicé que la cuisine indienne, de plus sophistiqué que la cuisine thaïe, de plus créateur que la cuisine chinoise, sans oublier la finesse de la cuisine vietnamienne !

Les odeurs, premières sensations de l'enfance

Ces souvenirs sont à la fois un retour au voyage de l'enfance où nous retrouvons les senteurs, les odeurs de nos premières années malgré le temps et la distance, liées aux instants, aux événements et aux personnes. Ils font également appel au souvenir vécu de nos sens et des premières sensations expérimentées avec le goût et le toucher.

Le rapport qu'ont les Asiatiques avec leur cuisine est profondément ancré dans l'histoire même de leur pays, l'éducation et la culture reçue, partagée et transmise à travers des générations, des parents et grands-parents, voire de la communauté tout entière. Claude Lévi-Strauss a affirmé que *« la cuisine d'une société traduit inconsciemment sa structure, à moins que, sans le savoir davantage, elle ne se résigne à y dévoiler ses contradictions »*.

La cuisine chinoise

La richesse et la diversité de la gastronomie chinoise symbolisent parfaitement les différentes étapes de la longue histoire de la Chine.

Groupe Eyrolles

Chaque dynastie a apporté son sceau de créativité des mets les plus variés, jusqu'à l'apogée de la dynastie des Qing, la dernière en date, qui a régné de 1644 à 1911.

Selon Confucius, « *les aliments ne sont jamais suffisamment raffinés, la viande n'est jamais assez découpée* » (*shi bu yan jing, kuai bu yan xi*). En effet, il ne suffit certes pas de « cuire », encore faut-il accompagner le poisson de garnitures, d'assaisonnements appropriés et adéquats pour en faire un mets délicat et réussi. Cette métaphore indique l'importance que portent les Chinois à la gastronomie.

La diversité des lieux, des climats, des coutumes et des produits a conduit à l'évolution de la cuisine chinoise connue, réputée pour ses quatre saveurs (salé, sucré, acide, pimenté) et ses « huit cuisines » (du Shandong, du Sichuan, du Jiangsu, du Zhejiang, du Guangdong, du Hunan, du Fujian, et de l'Anhui).

Harmonie et équilibre

Le voyage de nos sens grâce à l'apprentissage du goût et du toucher nous enseigne que l'art culinaire asiatique est une intégration harmonieuse de couleurs, de saveurs, de formes, de représentations, de décorations variées.

Selon les croyances asiatiques, la nourriture est composée d'éléments vivants, représentant une énergie de vie, porteuse à la fois de symboles et de bienfaits. La confection des plats ne peut donc pas être réalisée n'importe comment, ni avec n'importe quels ingrédients. La sélection de ceux-ci est minutieusement dosée, calculée pour un résultat équilibré.

Chaque recette est une composition raffinée de textures, de saveurs et de couleurs, afin de pouvoir atteindre cet état idéal d'harmonie et d'équilibre, issu de la philosophie taoïste du *Yin* et du *Yang*. On peut parler d'amour du manger et du boire, on peut ajouter que l'art de faire la cuisine en Asie est considéré comme un véritable acte religieux, emprunté de rites et de mesures.

Groupe Eyrolles

N'oublions pas qu'à travers les siècles, les populations de ces pays ont toujours été obsédées par le grand problème de la famine ou du risque de famine. Leur principale préoccupation a été de trouver de quoi manger et de tirer le plus de plaisirs et de satisfactions possibles à travers la nourriture. Ne soyez pas étonné si vous êtes toujours accueilli dans les familles asiatiques par la formule : « Avez-vous mangé ? », tout naturellement, comme on pourrait vous demander de la même façon en France : « Comment ça va ? »

Entre plaisir et santé pour les Occidentaux

Diététique, quand tu nous tiens !

En Occident, aimer manger est signe de vitalité, manger bien permet de la conserver. « Bien manger », trop, trop riche, trop gras, peut grignoter notre capital santé et conduire à la maladie. La nourriture est notre première médecine, enseignait Hippocrate. C'est au siècle dernier que le lien entre carences alimentaires et maladies graves fut démontré.

Ce n'est que dans les années 1960, grâce aux recherches sur l'alimentation, qu'est mise en lumière la relation entre maladies et facteurs nutritionnels, en dehors de toute malnutrition. Aujourd'hui, personne ne conteste que certaines maladies sont liées à notre façon de manger : maladies cardiovasculaires, cancers ou encore diabète, obésité, ostéoporose.

Amie de la santé, la nourriture doit le rester. La diététique, médecine à la mode, est là pour y aider. Connaître les vertus spécifiques des aliments, choisir de consommer des nutriments protecteurs, éliminer les nuisibles, il est désormais largement admis que l'alimentation a un rôle prédominant sur les conditions physiques, intellectuelles, sur la résistance aux infections, la lutte contre le vieillissement.

Qu'est-ce qu'un diététicien ?

Spécialiste de la nutrition, le diététicien est un paramédical qui rend nos coups de fourchette meilleurs et intelligents. Il apporte sa compétence scientifique et technique pour assurer la qualité des aliments, l'équilibre nutritionnel, l'établissement de régimes et le respect des règles d'hygiène. À l'hôpital, il collabore avec des médecins nutritionnistes, établissant le régime des malades en fonction de l'état de santé. En restauration collective, il veille à l'équilibre nutritionnel des menus. Dans l'industrie, il peut travailler dans la recherche ou le marketing pour proposer de nouveaux produits. En libéral, enfin, il reçoit les patients envoyés par les médecins et soigne les troubles de la nutrition. À la croisée des chemins entre restauration, soin et envie de bien se nourrir, 4 500 diététiciens exercent en France, dont 98 % de femmes.

L'éducation à une meilleure alimentation devient un facteur de santé et de forme important, en plus d'habitudes de comportement à adopter : exercice physique, réduction de la consommation du tabac et de l'alcool, contrôle du stress, vigilance sur la qualité de l'environnement.

Une alimentation saine est essentielle au bon fonctionnement de tout l'organisme, particulièrement du cerveau et de l'équilibre affectif. Qualités intellectuelles et psychologiques sont dépendantes du régime alimentaire. Fruits, légumes, poissons, pâtes et riz pour améliorer l'intellect et la mémoire. Chocolat, café, pain, céréales, fruits secs pour nous consoler affectivement et garder le moral. Les magazines occidentaux fourmillent de nouvelles idées, de nouvelles recettes pour équilibrer son alimentation, rester en bonne santé tout en se faisant plaisir.

Attention, danger !

En Occident, le rapport à la nourriture peut aussi devenir pathologique. Anorexie, boulimie, obésité, autant de désordres de plus en plus fréquents. La relation à la nourriture ne va plus tout à fait de soi. On mange trop, mal ou pas assez. On mange sans faim et sans fin. On veut maigrir, on se met au régime, on s'affame pour perdre quelques kilos.

Le dérèglement de la pulsion vitale du manger conduit à bien des désordres. Obésité, boulimie, anorexie sont des maladies qui expriment les difficultés à vivre dans un Occident qui a perdu certains repères vitaux, ceux du corps et de l'équilibre psychique. Boulimie et anorexie traduisent une détresse psychologique profonde. Il s'agit de répondre à un vide intérieur par un comportement alimentaire excessif : haine de soi, négation du corps, recherche angoissée des limites. Touchant à une pulsion vitale, dans les cas les plus graves, elles conduisent à la mort.

Elles font partie des désordres inquiétants chez les adolescents en recherche d'identité particulièrement influençables à la fois par les phénomènes de mode et le regard des autres. L'exemple des mannequins à la maigreur cadavérique, le regard des hommes en quête de petites amies sans forme, autant de risque de pathologies, pour les jeunes filles en particulier.

L'expérience d'une grande solitude, la dépression est souvent à l'origine de ces maladies compulsives du manger. Elle est de plus en plus fréquente dans des sociétés de type individualiste où le lien social est abîmé, où le sens de l'autre est perdu. La société de consommation a, sans le vouloir, introduit une confusion dommageable pour l'équilibre de vie et l'harmonie avec les autres, la confusion entre besoin et désir.

Prendre soin de ses besoins

Produisant au-delà de nos besoins réels, nos sociétés industrielles travaillent à en susciter de nouveaux, parfois très artificiels. La surabondance des produits et la publicité insistante stimulent alors l'envie des consommateurs que nous sommes, au détriment d'une saine réponse aux besoins.

Groupe Eyrolles

C'est ainsi que la satisfaction de nos envies prend le pas sur un choix qualitatif, équilibré et mesuré de nourriture. En mangeant, nous tentons de combler nos vides intérieurs, nos désirs de vie, de plénitude.

Lieu du plaisir, de la santé, la nourriture a sans aucun doute ce rôle de consolation. Consolation affective saine si se nourrir est aussi une occasion de sortir de la solitude. Jean-Claude Kaufmann, sociologue, souligne que *« le repas est un des rares moments où l'individu s'oublie aujourd'hui »*. L'homme passe du je au nous, il vient se fondre autour d'une table, il rejoint une « microsociété » qui se réunit pour partager. Partager une nourriture, un temps, mais aussi une parole humaine.

Et en Asie, qu'en est-il ?

Savoir manger est un art

En Asie, être « sage » signifie également être « gastronome » : les plaisirs raffinés de la table relèvent de la conception traditionnelle de ce que la bonne vie et la bonne chère devraient être. Pour bien apprécier pleinement la vie, il faut savoir manger. Confucius affirma, il y a vingt-six siècles, que *« tous mangent et boivent, mais peu connaissent vraiment la saveur »*. Reléguée au rang d'art, tout comme la littérature ou la peinture, la gastronomie est assimilée à de la philosophie.

L'équilibre et l'harmonie sont les principes guidant la cuisine chinoise : aux plats épicés répondent des saveurs plutôt aigres-douces ; aux plats de viande sont associés des plats de légumes. En plus des combinaisons de couleurs, d'arômes et de saveurs, la cuisine asiatique, en particulier chinoise, considère la valeur nutritive des éléments utilisés.

L'harmonisation des nourritures en Chine

Au plaisir du palais correspond le plaisir des yeux qu'apporte la présentation harmonieuse des couleurs. Ainsi, est prônée la théorie de « l'harmonisation des nourritures » (*ting nai t'iao ho*) qui remonte à la dynastie Shang (XVIe-XIe siècle av. J.-C.). Selon son auteur, Yi Yin, les cinq goûts (sucré, aigre, amer, piquant et salé) répondent aux besoins alimentaires des cinq organes principaux du corps humain (le cœur, le foie, la rate, les poumons et les reins).

En fait, les Chinois utilisent de nombreuses plantes comestibles dans leur cuisine : celles-ci, telles que l'échalote, la racine de gingembre frais, l'ail, les pétales de fleurs d'hémérocalle, ont la propriété de prévenir et de soulager diverses maladies. Par tradition, les Chinois croient en la valeur médicinale de la nourriture ; ils sont persuadés que la nourriture et la médecine partagent la même origine. Cette conviction est sans doute à la base de la diététique chinoise.

Qu'est-ce que la pharmacopée chinoise ?

Utilisée de manière tant préventive que curative, la pharmacopée chinoise ne représente qu'une partie de la médecine traditionnelle chinoise. Les quatre autres étant l'acupuncture, la diététique, le massage et les exercices énergétiques, tels que *Qi Gong* ou *Tai Chi-chuan*. Elle utilise la combinaison de plusieurs parties de différentes plantes (feuilles, fleurs, écorce, racines ou graines) ayant des propriétés similaires, en réduisant ainsi les effets secondaires que pourrait engendrer la prise d'une seule plante.

L'esthétique de la cuisine japonaise

Au Japon, l'action de manger n'est pas un simple geste pour se nourrir, mais fait partie intrinsèque de la culture nippone. La façon de préparer, de cuire et de consommer est un véritable art où l'esthétique, la tradition, la religion, et même l'histoire sont intimement liées.

Contrairement aux coutumes occidentales qui tentent de mélanger les saveurs, les assiettes sont constituées de différents aliments qui doivent chacun posséder leur individualité de goût et d'apparence.

Rappelons que le poisson et autres produits de la mer jouent un rôle primordial dans l'alimentation quotidienne japonaise et, à Tokyo au marché d'Ameyoko près du parc d'Ueno, au marché central de Tsukiji, les étals regorgent de bonites pétrifiées, de petits poissons confits, d'algues, de coquillages, etc. Toute la finesse de la cuisine japonaise se trouve dans la fraîcheur des produits utilisés et dans la simplicité de ses plats. Très peu d'épices sont ajoutées pour garder la saveur des poissons ou crustacés préparés frais. *Sushi* et *sashimi* de poisson frais constituent bien les plats nationaux. La saveur typique vient du bouillon de bonite, du saké et des dérivés de soja.

Il faut savoir que les cuisiniers qui préparent minutieusement ces plats ont reçu un grade appelé *dan*, comme dans les écoles d'arts martiaux, attestant leur talent et leur qualité de découpe. Après trois ans minimum d'études assidues afin de tester le meilleur choix du poisson, son découpage et sa présentation, il leur est délivré une ceinture noire.

Il existe même des concours destinés à délivrer une licence spéciale aux cuisiniers les plus réputés pour leur permettre de découper ce fameux mais redouté poisson, le *fugu*. C'est en effet le poisson-globe ou tétrodon qui possède une vésicule biliaire contenant un poison pouvant vous foudroyer en une seconde. Il faut donc une extrême adresse pour pouvoir découper ce *fugu*.

Les portions étant toujours minuscules, on peut ainsi goûter un large éventail de différentes saveurs, comme si chaque repas était un échantillonnage pour dégustation.

> « *La cuisine japonaise, a-t-on pu dire, n'est pas chose qui se mange,*
> *mais chose qui se regarde… »*
> TANIZAKI JUNICHIRO, Éloge de l'ombre

La philosophie de l'équilibre et du bien-être

L'histoire de la tradition culinaire japonaise remonte loin dans le temps. Entre le VIe et le VIIIe siècle de notre ère, le Japon a largement été

Groupe Eyrolles

influencé par ses relations étroites avec la Chine, alors qu'on importait le thé vert et les haricots de soja. La cuisine chinoise, beaucoup plus complexe et plus sophistiquée, était régie par la philosophie bouddhiste, axée sur la valorisation et le respect de toute forme de vie. Ainsi la viande était bannie de l'alimentation quotidienne car elle était supposée porter atteinte à la vie animale. Cette tradition végétarienne existe encore chez les bonzes.

Selon les traditions religieuses asiatiques, bien manger et bien boire développent l'équilibre à la fois des états affectifs et des relations avec les autres : une philosophie, donc, pour vivre sainement et être en harmonie avec son environnement.

En Chine, on mange de tout, toutefois il existe des interdits, pour les femmes essentiellement : certains produits sont réservés aux hommes (*ginseng*, produits aphrodisiaques ou soi-disant…).

Si l'hindouisme interdit la consommation de viande animale en raison du respect de la vie animale (les vaches sont des dieux), dans le bouddhisme, le commun des mortels peut manger de tout, les interdits étant essentiellement pour les moines.

Rechercher l'équilibre et l'harmonie dans la consommation de plats ne peut que conduire à l'épanouissement du corps dans le plaisir de bien se nourrir.

Même l'Asie est « contaminée » par le fast-food

Toutefois, bien se nourrir demande du temps et beaucoup d'amour. Même les traditions culinaires doivent faire face à la pression du temps qu'exigent à la fois la mondialisation et la compétition. Tout se fait d'un clic de souris. Même la gastronomie n'y échappe pas. Avec le développement de l'industrie et du commerce, la cuisine chinoise traditionnelle a connu une métamorphose, à l'instar des restaurants McDo, vers une nouvelle façon de manger, les *fast-foods* chinois.

Le repas, lieu de partage et de communion en Occident

La place du repas

Dans une société occidentale centrée sur l'individu, chacun gère son emploi du temps en fonction de ses activités : vie scolaire, pression professionnelle, loisirs propres. D'un côté, la tendance américaine au self-service gagne du terrain, environ un tiers des Français actuellement. Le petit-déjeuner s'échelonne selon les horaires de chacun, le déjeuner se prend sur le lieu de travail et, pour la moitié des Français, le dîner se passe devant la télévision quand chacun ne se sert pas dans le réfrigérateur selon ses envies du moment.

D'un autre côté, le repas reste une valeur sûre. Il y a, dans certains pays occidentaux, un fort désir de préserver ce moment familial, le soir ou le week-end. Moins les repas communs sont fréquents, plus ils ont d'importance pour les personnes assises autour de la table. Ils prennent un air de fête.

Attaché aux valeurs du partage, le désir d'un bon repas, ensemble, reste entier. Plats mijotés, produits du terroir sont choisis attentivement, ils aident à se retrouver chaleureusement, à plaisanter, se réjouir. Des choses peuvent alors se dire qui ne s'expriment pas forcément ailleurs. Manger redevient ce rituel qui célèbre la relation humaine, l'amitié, la communion. Le partage de la nourriture crée un lien différent à l'autre.

Le repas pour goûter l'amour

On se souvient du *Festin de Babette*, film de Gabriel Axel. Chef d'un grand restaurant parisien, Babette fuit la répression de la Commune et se retrouve au Danemark, embauchée comme cuisinière dans une famille puritaine. Pour le centième anniversaire du fondateur de la secte, elle organise un festin qui conduira la communauté à se réconcilier.

Sa cuisine est créative, fantaisiste ; au-delà de l'intention de nourrir, elle est un langage d'amour. Au fil des mets originaux et délicieux, Babette redonne une place au corps, à la sensibilité des convives aigris, pleins de rancœurs diverses. Les visages s'ouvrent progressivement, une joie nouvelle jaillit dans les cœurs. Chacun peut se réconcilier avec lui-même, d'abord, puis faire la paix avec l'autre.

Tout événement festif dans la tradition occidentale s'accompagne d'un repas qui célèbre la vie, l'amitié, la joie d'être ensemble. Un anniversaire, une déclaration d'amour, un mariage ou la naissance d'un enfant, le banquet est un véritable rituel qui permet à l'amour de circuler. Il peut aussi ponctuer une vie professionnelle dans les métiers où les relations humaines et la vitalité de l'équipe sont au cœur de l'échange économique.

La messe, un repas

Instituée au cours de la Cène, dernier repas du Christ avec ses apôtres, l'eucharistie est un rite de nourriture. Comme dans le monde antique et sémite, l'homme reconnaît à la nourriture une valeur sacrée, bénédiction de Dieu procurant la vie. Le repas lui-même a une valeur religieuse, car manger en commun établit les liens sacrés des convives à Dieu, d'une part, et entre eux, d'autre part. L'eucharistie des chrétiens est un héritage du repas pascal juif. Le père de famille prononçait sur le pain et la coupe des paroles rappelant le passé de la communauté et pointant l'espérance du futur. La messe reprend cette vitalité. Le prêtre fait mémoire des enseignements du Christ dans la première partie nommée « Liturgie de la Parole ».… Dans la seconde partie, il partage le pain et le vin nouveaux que sont le corps et le sang du Christ, offerts en nourriture pour insuffler toujours plus d'amour entre les frères rassemblés en Son nom.

Groupe Eyrolles

Si la cuisine quotidienne s'inspire des jours de fête, elle saura mettre de la fantaisie dans la vie, brisera la routine des semaines répétitives. Elle permettra à chacun de se poser, de se reposer au milieu des rythmes frénétiques de la vie moderne.

Même la façon de dresser la table et de servir signifie le partage et la communion. L'entrée et le plat principal sont apportés successivement, chacun se sert, tour à tour, ou est servi par la maîtresse de maison. Assiette, verre, couverts, permettent d'accueillir une portion du mets que l'on place au centre de la table. Chacun découpe et déguste, en même temps, sa part issue du même plat.

Personne ne commence à manger tant que tous ne sont pas servis, et tant que la maîtresse de maison n'a pas porté à ses lèvres la première bouchée. Au-delà de la simple politesse, ces habitudes de comportement dénotent un état d'esprit. L'habitude du plateau-repas ou du *fastfood* a mis à mal ce rituel dans certaines circonstances. La culture selfservice ou sandwich a pris le pas, on mange à son heure un mets que l'on choisit, individuellement.

Cependant, même de plus en plus fréquents, ces nouveaux comportements ne parviennent pas à détrôner ce qui est au cœur même de la civilisation occidentale : un art de vivre au service de la communion des personnes – corps, âme, esprit.

Et dans la cuisine asiatique, qu'en est-il ?

Partager le repas autour d'une table

Dans la cuisine asiatique, la recherche de la perfection met en valeur le temps passé à préparer les plats, à effectuer les découpes et également à sélectionner tous les ingrédients et les épices utilisés.

Espace intérieur et ressenti que l'on crée et développe pendant la longue et minutieuse préparation des plats, il s'agit bien de traduire une projection dans la relation d'amitié ou d'amour qui lie l'hôte aux convives qui vont venir les apprécier.

Certes, un grand nombre de règles et de coutumes est associé aux repas. Il existe un ordre, un protocole, des conventions sociales à respecter quant à la personne qui doit s'asseoir la première, entre hommes, femmes, jeunes et vieux.

Dans les pays influencés par la culture chinoise, tels que la Corée, le Japon, le Vietnam, Taiwan, les plats se mangent avec des baguettes et la soupe avec une cuillère. Par contre, au Cambodge, au Laos, en Thaïlande, au Myanmar (ex-Birmanie), les repas sont pris avec une cuillère et une fourchette, mélange d'influence indienne, et peut-être britannique.

Célébrations et repas de fêtes : une occasion de se réunir

Quant aux fêtes, elles rassemblent tous les membres du groupe familial, vivants et morts. En effet, les chers disparus de la famille sont souvent invités à partager les célébrations (mariages, nouvel an…), ainsi que les repas.

Au Vietnam comme en Chine, les célébrations se fêtent autour d'un banquet. Les banquets chinois prennent la table comme unité de base ; normalement, une table ronde, prévue pour dix ou douze personnes, la communication entre les convives est ainsi plus facilement établie.

Quel que soit l'événement à célébrer, le repas en est l'élément fédérateur. Il est toujours l'occasion de réaffirmer la solidarité des liens de parenté, de renforcer, et parfois d'étendre, le réseau des relations, soit de travail, soit de voisinage. Par contre, les grandes fêtes calendaires ne regroupent le plus souvent que la famille, certains mets spécifiques y sont alors proposés. Ainsi le nouvel an lunaire, au Vietnam, est marqué par la préparation et la consommation de gâteaux de riz gluant farcis de haricots et de viande de porc (*banh chung* ou *bánh têt*). Ces mets traditionnels sont accompagnés de salaisons de légumes, ainsi que d'une grande consommation de fruits ou légumes confits.

Groupe Eyrolles

Il est bon qu'il y ait toujours trop à manger. S'il ne reste rien sur la table, on estimera que la personne qui invite n'a pas assez préparé à manger et que les convives peuvent avoir encore faim.

Le repas, symbole d'hospitalité et de convivialité

L'hospitalité millénaire des Asiatiques veut que quiconque se présente dans une maison au moment où l'on s'apprête à manger soit invité à partager le repas, quel que soit le nombre de mets préparés. Cette invitation symbolise également la volonté de partager avec l'autre, qu'il soit étranger, ami ou cousin. C'est pourquoi, partager un repas conserve tout son caractère sacré. Le fait de s'asseoir un moment autour d'une table, de partager la même nourriture crée un lien visible ou invisible entre les participants. Manger « ensemble » crée des liens. Manger fait partie des rites de chaque famille.

Comme symbole de convivialité, tous les plats sont servis en même temps sur la table. Les notions de menu, d'entrée, plat, dessert n'existent pas. En Chine, par exemple, l'addition au restaurant n'est pas partagée. Une personne payera pour tous. Celui qui le fait est vu avec une certaine considération. Certes, il ne faut pas oublier la boisson. Cette remarque est peut-être plus vraie en Chine du Nord où il est de bon ton de boire. Celui qui boit son verre d'alcool de riz d'un trait montre un signe de confiance à son hôte.

Le repas est bien un lieu d'harmonie où la place de chacun est fixée, reconnue socialement, et où ne doivent s'élever ni disputes ni bouderies car *« Même le Ciel ne foudroie pas à table »* (Nelly Krowolski, CNRS).

Recette thaïe de poisson aux grains de poivre frais

Ingrédient pour 4 personnes :

500 à 750 g de poisson coupé en darnes de 3 à 4 cm
50 g de grains de poivre frais
Quelques feuilles de bergamote
2 cuillères à soupe de feuilles de basilic doux
1 piment rouge et 1 piment vert coupés
De l'ail finement haché
1/2 louche d'huile

Préparez l'assaisonnement avec :

2 cuillères à soupe de sauce d'huître
1 cuillère à soupe de sauce de *nuoc-mâm*
1 cuillère à café de curry thaï vert
Du bouillon de poisson

Plongez quelques minutes le poisson dans de l'eau bouillante puis égouttez.

Pendant ce temps, faites revenir l'ail dans une poêle, ajoutez le poisson et laissez cuire 5 à 10 minutes en remuant.

Ajoutez le poivre frais et la préparation d'assaisonnement.

Lorsque le mélange bout, ajoutez les piments, les feuilles de bergamote et de basilic doux. Servez très chaud avec du riz gluant.

Le saviez-vous ?

- Complétez votre apport en protéines par des céréales, riches en sucres lents et pauvres en graisse.
- Préférez le pain complet au levain, cela augmentera votre consommation en fibres, les brioches « maison » à la margarine et les biscuits secs.
- Prenez l'habitude de cuisiner des légumes secs, riches en protéines et qui diminuent le mauvais cholestérol.
- Les pommes de terre sont toujours bonnes pour la santé, sauf frites.
- N'hésitez pas à consommer des légumes à volonté, frais ou surgelés, le plus possible crus, agrémentés abondamment d'ail et d'oignon aux vertus bénéfiques contre les maladies cardiovasculaires et certains cancers.

- Les fruits sont tous conseillés, vous pouvez les déguster à profusion, surtout s'ils sont de saison. Il est indispensable de consommer 2 à 3 fruits par jour.
- De la viande une fois par semaine, alternée avec des volailles, moins riches en graisse saturée, ou du poisson, 2 à 3 fois par semaine.
- Des œufs jusqu'à 5 par semaine.
- De la charcuterie, exceptionnellement, sauf le jambon cuit et dégraissé.
- Des produits laitiers, lait écrémé, yaourt ou fromage blanc 0 % de matière grasse, aromatisé avec des fruits frais ou au sirop.
- Des fromages, de préférence secs, de chèvre ou brebis, ou maigre, pas plus de 5 fois par semaine et, de préférence, lors d'un repas sans autre protéine d'origine animale (œuf, viande, poisson).

Voilà, bon appétit, *good appetite*, *guter Appetit*, *buono appetito*, *buen apetito*, *annemum bood* !

Mots clés

En Occident _____   _____ **En Asie**

Terroir	Odeur
Goût	Saveur
Plaisir	Couleur
Délice	Épices
Recette	Harmonie
Créativité	Partage
Santé	Banquet
Joie	Abondance
Communion	Équilibre

Chapitre 5

L'homme et la femme

« Ce génie particulier de la femme qui comprend l'homme
mieux que l'homme ne se comprend. »
Voltaire

À Phuket

Dans le tuk-tuk pour l'aéroport de Bangkok, Arnaud, passionné, raconte son parcours asiatique. Leslie, arrivée la veille, l'a rejoint pour passer un mois de vacances. Ils sont invités à Phuket par Lamoon et son mari Buncha, directeur du Siam Center, grand magasin de Bangkok.

Leslie s'enthousiasme du récit pittoresque de son compagnon, ravi de s'exprimer sans retenue. Elle s'étonne, pose mille questions pour saisir tout ce qu'il a vécu sans elle. Elle le trouve changé, plus souple, léger, vivant. Plus fatigué, aussi. Il est davantage à l'écoute. Il a acquis une maturité qu'elle ne lui connaissait pas. Il avançait ses certitudes de façon catégorique. Il nuance désormais. Le ton de sa voix, même, a changé, à la fois plus grave et pétillant.

Dans le hall de l'aéroport, Arnaud, spontané, enlace son amie et l'embrasse amoureusement, sans penser au regard des autres. Les Asiatiques sourient, un peu gênés. Leslie ne sait quelle contenance

Groupe Eyrolles

prendre. Doit-elle rester elle-même, au risque de choquer, ou adopter l'attitude locale, plus réservée ?

Pendant ce temps, dans leur villa de Phuket, Buncha et Lamoon se préparent pour aller les chercher à l'aéroport. Buncha invite son épouse à se hâter. Elle aime s'apprêter quand elle sort, choisit longuement ce qu'elle va porter, l'harmonie des couleurs… Aujourd'hui, la tenue traditionnelle s'impose.

Dans la foule qui attend les voyageurs, Buncha, le portable collé à l'oreille, traite ses affaires tout en guettant l'arrivée du couple. Lamoon, un pas en arrière, ne le quitte pas des yeux. En vingt-cinq ans de mariage, ils ne se sont jamais tenu la main en public. Leur complicité est intérieure. Pas besoin de démonstration, ni de parole.

Rayonnants, Arnaud et Leslie main dans la main se dirigent sans hésiter vers leurs hôtes. Présentations faites, ils rejoignent une Mercedes cabriolet qui les emmène vers la villa du couple thaï, au sommet d'une colline, une splendide maison blanche, fleurie de bougainvilliers. Ouvert sur la mer par de grandes baies vitrées, le salon dégage harmonie et douceur – tables basses, fauteuils en rotin, coussins en soie.

Le jeune couple est invité à profiter de la mer. Lamoon se réfugie derrière la préparation du repas pour échapper à la baignade. Elle n'aime pas se montrer en maillot de bain devant des étrangers. Buncha a des affaires urgentes à régler. Il les rejoindra au dîner.

Du haut de la terrasse, l'épouse asiatique ne peut pas s'empêcher de chercher du regard Leslie et Arnaud qui s'ébattent dans les vagues et chahutent comme des enfants. Elle sourit, amusée, une lueur d'envie dans les yeux. Dans sa culture, cela ne se fait pas. Les filles doivent bien se tenir, les contacts physiques sont limités, même entre frères et sœurs. En dehors du couple, pas d'amitié possible entre homme et femme, seulement des relations sociales formelles. Devenir une bonne épouse est l'essentiel de son éducation. Ce soir, elle doit veiller sur le dîner. Tout doit être parfait.

Leslie est charmée. La table, habillée de dentelle blanche, est dressée pour un repas de fête. De petits bols sur des assiettes, ainsi qu'une multitude de soucoupes contenant des condiments de toutes les couleurs. Pendant le repas, la conversation circule entre Bouncha, Leslie et Arnaud. Ils échangent des généralités sur la Thaïlande, les relations avec la France, les problèmes de Bangkok…

Lamoon reste silencieuse, occupée à veiller aux besoins de chacun. Elle ne s'immisce pas dans la conversation. Leslie est curieuse, elle veut tout savoir et lui pose une multitude de questions. Est-ce que le couple a des enfants, leur âge, que font-ils ? Lamoon se contente de répondre brièvement. Leslie insiste. « Mais vous, que pensez-vous de la liberté de la femme en Occident ? » *L'épouse asiatique cherche comment répondre. Si elle dit ce qu'elle pense, elle risque de contrarier son mari. Si elle ne répond pas, son invitée ne gardera pas un bon souvenir. Elle se penche, espiègle, vers la jeune française :* « Vous savez, en Asie, c'est compliqué. Les femmes n'ont pas la même liberté. Pilier de la famille, elles jouent cependant un rôle social important. »

Les hommes saisissent au vol cette dernière phrase. Ils se regardent et sourient.

Des différences et complémentarités vues par les Occidentaux

Homme, homme et femme

Dans ses traits fondamentaux, l'âme, qu'elle soit masculine ou féminine, structure la personne de la même façon. Plongée dans le corps, elle en dépend pour la force et la santé. Elle ouvre tout l'être à la perception du monde – sensibilité, intelligence – et dirige les actions par l'affectivité et la volonté. On ne peut pas nier que les qualités de ces facultés, leurs rapports mutuels sont assez différents chez l'homme et la femme.

Groupe Eyrolles

Attention cependant aux discours sur les différences homme/femme, ils tombent vite dans des stéréotypes : « tous les hommes sont égoïstes », « toutes les femmes sont bavardes ». La réalité est toute en nuance. Au-delà des catégories, chaque être est unique dans sa singularité, non réductible à son identité sexuelle.

Qui sont Adam et Ève ?

Dans la mythologie juive, l'homme, *Isch*, est symbolisé par Adam et formé à partir d'*Adamah*, la terre. La femme, *Ischa*, est tirée de *Isch*, l'homme, celle-là même qui fait face à l'homme. Ève est sa partie manquante, son complément. Au moment où l'homme se voit signifier son retour à la poussière dont il a été formé, Ève, La Vivante, est proclamée mère de tout vivant. S'il n'y a de femme que tirée de l'homme, il n'y a de père qu'issu d'une mère. Et la femme s'invente entre *Ischa*, tirée de *Isch* et La Vivante, mère de tout vivant. Nous sommes proches de la mythologie grecque où Gaïa enfante d'Ouranos, lui-même tiré d'elle.

Pour se diriger, pour éduquer, les repères pratiques sur les potentialités de l'homme et de la femme sont bienvenus. La psychologie moderne a beaucoup enrichi nos perceptions. *« Aucun homme n'est si totalement masculin qu'il soit dépourvu de tout trait féminin »*, confesse Carl Gustav Jung. De même, toute femme porte en elle des traits masculins. Elle et lui ont des compagnons intérieurs nommés *animus* et *anima* qui gouvernent leurs attirances et répulsions, souvent à leur insu.

Anima, animus

L'anima de l'homme, c'est sa représentation du féminin, fantasme forgé dans sa famille, plus largement dans la société. Les modèles que sont la mère, les sœurs vont influencer l'apprentissage de ses propres qualités d'intelligence et de cœur. Après la vie avec ses parents, la

Groupe Eyrolles

femme est la compagne naturelle de l'homme. Ne le surpassant ni en âge, ni en autorité, ni en force physique, elle partage son existence, ses préoccupations. Faisant partie de sa vie, elle devient de fait source d'influence et d'inspiration et le complète dans ses limites.

En particulier, la femme a souvent des qualités d'intuition supérieures à celles de l'homme, insiste Jung. Elle perçoit avec plus de lucidité certains traits relatifs aux personnes humaines. Partageant sa façon de voir, elle lui donne des avertissements, ouvre des chemins fermés à ses perceptions.

Les Allemands parlent de *Gemüt*, mot intraduisible en français, *« centre de l'âme humaine »*, sorte d'intelligence du cœur capable de lire à l'intérieur des êtres pour les comprendre à la fois dans leur totalité et leur spécificité, et pour s'y adapter. Ce cœur au sens féminin rend la femme ouverte à la joie de l'accueil de l'autre. Elle est le lieu de sa tendresse et de sa vulnérabilité.

Les hommes ont bien sûr potentiellement les mêmes qualités que les femmes. Durant des siècles, il était de bon ton de refouler ses traits plus féminins pour développer des aspects reconnus plus masculins : force physique, intelligence rationnelle, attention aux faits, impassibilité émotionnelle, fermeté de caractère. Jung souligne très finement que les hommes précisément les plus masculins possèdent une vie du cœur intime très tendre et vulnérable, qu'ils protègent et cachent souvent de leur mieux de peur d'être vus dans leur faiblesse.

« L'autre », source d'inspiration

Aujourd'hui, la mode est au développement personnel, au management intuitif, à l'intelligence émotionnelle. La redécouverte de l'importance de cette forme d'intelligence autorise plus ouvertement les hommes à se mettre à l'écoute des femmes pour développer leurs qualités humaines de compréhension des autres, d'empathie, d'accueil.

117

A contrario, les femmes agissent aussi à partir de leur *animus*, cette représentation du masculin dont elles héritent de leur famille et de la société ambiante. Le père, les frères vont être des exemples dans la mise en œuvre de certaines de leurs capacités intellectuelles, ainsi que leur implication économique et sociale.

Bien que le rôle spécifique des femmes soit toujours du côté de la maternité et de l'éducation des enfants, il est aujourd'hui totalement admis qu'elles fassent des études à l'égalité des hommes, qu'elles embrassent des carrières hier dévolues aux hommes… : conducteur de bus, directeur de travaux publics, chercheur, chef d'entreprise.

La relation au corps

Les attitudes et comportements féminins et masculins sont profondément conditionnés par la nature du lien qui existe avec le corps. Par nature, le lien avec le corps est plus intime chez la femme. Sa sexualité est réceptivité. Du fait de l'intériorité des organes de la procréation, elle est et vit plus intensément toutes les parties de son corps. Elle est souvent atteinte intérieurement par ce qui lui arrive : sensibilité à fleur de peau, mobilité émotionnelle vive, vulnérabilité de l'équilibre psychoaffectif. Dans l'amour, comme la relation sexuelle le manifeste, elle est accueil d'une initiative extérieure à elle-même. Son acceptation transforme à son tour l'initiative de l'homme en don.

Comme mère, elle est réceptacle de la vie. Tout son être est fait pour accueillir un petit être vivant en devenir et en croissance, le cacher, le nourrir. Ce rôle attribué par la nature conditionne une certaine intériorité, jusqu'à justifier même un certain repli sur soi nécessaire à la formation d'un nouvel être en soi. On comprend aisément que la relation au monde extérieur, le résultat objectif deviennent secondaires dans la psychologie de la femme. À l'opposé, le comportement de l'homme est marqué par l'extériorité des organes de la procréation. Dans la relation sexuelle, c'est une sortie de soi qui lui permet de vivre l'inclusion dans l'aimée. Ce qui l'autorise à se distancier, plus que la femme, de la réso-

Groupe Eyrolles

nance affective de l'union des corps. De façon plus générale, son corps revêt plus fortement le caractère d'un instrument qui le sert dans ses activités.

Efficacité versus développement

Les valeurs des hommes et des femmes sont les mêmes : santé, famille, amour, travail… C'est la priorité donnée à telle ou telle qui est sensiblement différente.

Globalement, l'homme a une tendance plus prononcée pour le pouvoir, la compétence, la réussite. Pour gagner l'estime de soi, il a besoin de se fixer et d'atteindre des buts. Il aime réussir, et réussir seul, sans aide extérieure, prouvant ainsi son autonomie. Porté vers l'efficacité, il est attaché à l'action et à son résultat. C'est en réalisant une œuvre, tâche objective, que l'homme travaille à son développement personnel.

Animé par un esprit de conquête du monde extérieur, ses efforts sont beaucoup dans la connaissance intellectuelle et dans l'acte créateur. Il sait souvent mieux se protéger affectivement et prend plus vite du recul sur les événements, car ils ne résonnent pas de la même façon en lui. Il est de ce fait apte à conduire des actions de transformation du monde, de changement de systèmes et d'organisation.

La force de la femme est plutôt dans sa vie affective. Sa finesse d'intelligence et d'émotion la met en contact avec son être profond, lui permet de percevoir l'autre comme il se comprend lui-même, à la fois dans sa complétude et ses spécificités.

La femme adopte spontanément une priorité de valeurs, privilégiant l'amour, la communication, la beauté, les relations humaines. Plus intéressée par l'être que par le faire, elle forge l'estime de soi à partir de ses sentiments, non de ses réussites. Son intention est de s'épanouir elle-même et de stimuler le développement des autres, d'aider la maturation.

Édith Stein parle de la mission maternelle de toute femme, née de son lien privilégié avec le vivant : « *Laisser croître jusqu'à son développement le plus parfait sa propre nature humaine qui sommeille en elle, et en même temps, susciter et provoquer cette croissance en d'autres jusqu'à la perfection, tel est le désir féminin le plus profond.* » L'aspiration féminine la plus profonde est d'engendrer l'homme à lui-même.

Comprendre l'autre, au cœur de l'action

Les conséquences sur les motivations des uns et des autres sont de taille. L'homme a besoin de réussir, de se sentir utile au sein d'un projet, au service d'une cause, d'un idéal. Si la vie lui fournit l'occasion de montrer son potentiel d'action, de réalisation, d'efficacité, il donne le meilleur de lui-même. Dans le cas contraire, il risque de se replier sur lui, cultivant des habitudes centrées sur son bien-être.

De son côté, la femme a besoin de se sentir aimée, épaulée par quelqu'un qui tient à elle. Elle a besoin de l'inconditionnel de l'amour. Son compagnon doit rester à ses côtés comme soutien, qu'elle soit bouleversée, épuisée, désespérée. Moins stable émotionnellement, la femme est comblée lorsqu'elle a expérimenté qu'elle n'est pas seule et que quelqu'un l'aime. Plus l'homme la comprend sans juger ses doutes et ses angoisses, plus il fait preuve de compassion pour sa vulnérabilité, plus elle sera reconnaissante et appréciera la qualité de l'aide apportée.

La force de l'homme, la résistance de la femme

Les conséquences sont diverses. L'homme concentre aisément toute sa force psychique vers un seul but, il est plus apte à réaliser des performances maximales dans un domaine spécialisé. *A contrario*, quand une difficulté se présente, il s'isole. Stressé, il ne se confie pas, sauf à quelqu'un qu'il estime capable de l'aider à trouver une solution. Il se replie sur lui-même, tourne et retourne son problème en tous sens ; ce faisant, il met en place des échappatoires, se change les idées – lecture du journal, jeux, sports pour se détendre. Le retrait le soulage. Sa force consiste à reléguer toute autre préoccupation au second plan, tant qu'il n'a pas résolu son problème.

À l'opposé, la femme fait aisément ses confidences. Pour elle, se confier est un signe d'amour et de confiance, pas un fardeau. Guidée par sa vie affective, elle n'a pas honte d'avoir des contrariétés. Elle comprend les soucis des autres avec toutes leurs répercussions affectives. Appréhendant les êtres dans leur complétude, elle est moins portée que l'homme au développement unilatéral de ses facultés. *A contrario*, elle est exposée à plus de dispersion. Perturbée, la femme n'hésite pas à décrire son état, raconte les causes de son mal en long, en large, en travers. Elle pense plus à se soulager qu'à résoudre le problème. Elle parle, partage ses sentiments, exprime ses émotions. Elle en parle, abondamment, parfois trop. Ce trait la fait paraître moins forte, plus vulnérable.

Pourtant, elle surprend souvent par sa robustesse dans les épreuves qu'elle traverse. Cette fragilité semble être sa force. Peut-être parce que culturellement elle n'a pas à donner le change de la force, on lui pardonne aisément de pleurer dans la souffrance. Peut-être parce que rythmée tous les mois par le cycle de la vie, elle est plus dépendante de son corps. Peut-être aussi parce que c'est elle qui porte la vie et la mène à son terme, traversant les bouleversements physiques, psychologiques, les nuits entrecoupées pour allaiter, consoler des rages de dents et des cauchemars… tous ces appels de la vie la conduisent à se dépasser au quotidien.

Adapter l'éducation aux différences

Les orientations d'une éducation équilibrée se dessinent tout naturellement. Pour l'homme, s'ouvrir, partager ses inquiétudes, accepter de tomber le masque de la force, apprendre à ne pas faire seul… Toute chose qui ne se décrète pas. Il s'agit d'un lent chemin d'éveil de la vie affective et émotionnelle chez le petit garçon, puis le jeune homme et l'homme mûr. Bien dosée, l'éducation de l'affectivité permettra d'éviter à l'esprit masculin de tomber dans un rationalisme sec, avec parfois un souci exclusif de performance, d'exploit, de dépassement de soi un peu déshumanisant.

Groupe Eyrolles

Pour la femme, l'éducation prendra à cœur de développer les qualités de l'intelligence et la volonté, pour contrebalancer la puissance de l'affect. L'approfondissement des qualités rationnelles évite à la femme une agitation affective tous azimuts, pouvant conduire sa vie à la dérive. Sans inhiber la liberté de la parole et détruire l'enthousiasme, l'éducation peut aider à maîtriser la vitalité des passions féminines pour leur donner une puissance démultipliée.

La vision asiatique

La complémentarité du Yin et du Yang

Selon la philosophie traditionnelle chinoise, tous les éléments vivants sont composés de *Yin* et de *Yang*, en proportions variables. Le *Yin* est le complément du *Yang*. Nous pouvons alors appliquer cette notion philosophique pour comprendre la vision du féminin et du masculin. Considérés par les philosophes chinois comme deux principes cosmiques primitifs de l'univers, *Yin* est le principe féminin, passif, *Yang* est le principe masculin, actif.

D'après la légende chinoise, l'empereur Fu Hsi a affirmé que le meilleur état de chaque chose dans l'univers était un état d'harmonie représenté par un équilibre de *Yin* et de *Yang*. Équilibre et opposition ne veulent pas dire égalité, mais complémentarité. Sans surprise, la légende dit que, selon Fu Hsi, la véritable harmonie veut que *Yang* domine. C'est simplement dans la nature des choses.

Symbole du *Yin* et du *Yang*

Ainsi le *Yin* et le *Yang* sont considérés comme un ensemble dont l'opposition nécessaire et la complémentarité indispensable représentent les

Groupe Eyrolles

fondements des sociétés patriarcales qui déterminent les comportements et les attitudes des hommes et des femmes.

« *Sur le lac le voyageur se retourne ; Mont vert entouré de nuage blanc.* » Par ces vers, François Cheng identifie « *le mont vert à la femme restée sur la rive, et le nuage blanc à l'homme qui vogue vers le lointain* ». L'homme part mais reste en pensée avec la femme qui répond que son cœur à elle ne le quitte pas. Tout est en nuance et douceur, la nostalgie de celui qui part et le désir de celle qui reste.

Ainsi, la vision asiatique des genres masculin et féminin ne peut être envisagée que globalement. Le masculin et le féminin doivent se comprendre l'un par rapport à l'autre, et également par rapport à d'autres références, à la fois sociales, morales, philosophiques et même cosmologiques. L'opposition masculin/féminin ne structure pas que la distinction entre les sexes eux-mêmes, mais s'appréhende en corrélation et par rapport au rôle et à la place que joue chacun dans la société.

La hiérarchie homme/femme

La structure sociale dessine clairement le rôle de l'homme et la place de la femme dans la société asiatique, la suprématie de l'homme n'étonne aucunement dans ces sociétés où la naissance des garçons est préférée à celle des filles et où la transmission du patronyme est confiée aux garçons. Dès leur enfance et selon un ordre social établi, les enfants apprennent à devenir, grâce à l'éducation, à la religion ou à la pratique des rites, l'homme ou la femme capable de jouer ce rôle dans la société et espéré par elle.

Depuis des millénaires, les principes confucéens affirment la supériorité de l'homme sur la femme par des symboles : l'homme représente le ciel et la femme, la terre. Le ciel se trouvant au-dessus de nos têtes ne peut qu'être supérieur, et la terre, que nous foulons tous les jours, ne peut qu'être inférieur : la Terre doit être « *assujettie au Ciel* ».

À cette croyance, s'ajoute la complémentarité entre le *Yang*, la force de l'homme, et le *Yin*, la souplesse de la femme. Si l'homme de bien, *ren*, doit être vertueux et fort, la femme de vertu se doit être souple comme un roseau, c'est-à-dire se plier aux ordres de l'homme – père, frère et, plus tard, mari.

D'où vient donc cette hiérarchie sociale, cette différence fondamentale entre l'homme et la femme ? En remontant à ma propre histoire, dans mon enfance, l'éducation que j'ai reçue en tant que fille a été bien différente de celle de mes frères, même une fois notre famille arrivée en France en 1964. Malgré un environnement ouvert sur l'égalité des chances donné aux garçons et aux filles, je n'ai fréquenté à Paris que des écoles de filles jusqu'à l'université, où j'ai alors découvert la mixité.

Cette différence dans l'éducation garçon/fille a entretenu les croyances millénaires du rôle du garçon et de celui de la fille dans la société asiatique. *« Les filles apprennent les attitudes telles que parler doucement et se soumettre docilement »*, disait Confucius dans le *Livre des Mutations*. La seule éducation reçue et transmise par sa propre mère est d'être une épouse parfaite et vertueuse, puisque sa seule « Voie » est destinée à servir l'homme qu'elle épousera, avec dévouement.

Ce concept social est bien transcrit dans l'écriture chinoise, par exemple : l'homme ou *nam*, symbolisant un champ et la force, signifie qu'il travaille à l'extérieur de la maison avec ardeur ; la femme, *nu*, est représentée par une forme assise, symbolisant l'intérieur, la protection, la maternité, proche de la terre. Chacun son rôle, et on ne peut pas l'intervertir sans rompre l'équilibre de la nature.

Prenant l'exemple de l'éducation qu'a reçue ma mère, sa grand-mère pensait que les filles n'avaient pas besoin d'instruction, car elle pouvait s'avérer dangereuse (pour qui ?) : *« Il est bon que les femmes ne soient pas instruites. Cultiver les talents féminins serait nuisible. Elles n'ont pas besoin de savoir. »*, disait Lê Thanh Khôi. *« La juste place de la femme est à l'intérieur, la juste place de l'homme est à l'extérieur. Le fait que l'homme et la femme occupent leur juste place est l'idée la plus grande de la Nature »*, enseignait encore Confucius dans le *Livre du Juste Milieu*.

Groupe Eyrolles

En voici quelques exemples :

- En Thaïlande, lors de l'anniversaire de son 1er mois, le garçon reçoit un cahier et un crayon, alors que la fille reçoit du fil et des aiguilles, confirmant ainsi le rôle public du futur homme et le rôle au foyer de la jeune fille. Ces objets symbolisent encore clairement le rôle de chacun dans la société thaïlandaise. Autrefois, seuls les garçons avaient droit à l'éducation dispensée uniquement dans les monastères où les filles n'avaient pas leur place. Cette situation a heureusement changé : les écoles sont aujourd'hui mixtes et l'éducation est ouverte aux filles.

- En Indonésie, la religion islamique et les croyances traditionnelles désavantagent les femmes : elles sont dépendantes socialement et économiquement des hommes. En effet, plusieurs directives datant de plus de 20 ans indiquent *« qu'une femme peut participer au développement de la nation uniquement si cela n'entre pas en conflit avec son rôle de femme au foyer »*, que l'homme est le chef de famille et qu'il a le droit de *« posséder plusieurs femmes »*. N'oublions pas toutefois que l'Indonésie a eu une femme à sa tête entre 2001 et 2004 en la personne de Megawati Soekarnoputri, fille de l'ancien Président. Rôle économique ou rôle politique, les femmes ne le détiennent qu'à travers les hommes, père, frère ou mari.

- Au Japon, malgré des changements récents, la culture nipponne cherche encore à tenir la femme dans un statut d'épouse soumise, ou encore dans celui d'hôtesse de bureau, appelée très joliment « fleur de bureau », avec ce que cela engendre : salaire modeste, peu de responsabilités, avancements rares et beaucoup de travail à temps partiel. Le Japon, malgré ses airs de modernité, reste très attaché aux traditions : en effet, nous sommes au pays connu pour ses geishas.

Traditionnellement, la femme japonaise a le rôle de la femme au foyer qui s'occupe de l'éducation de ses enfants. Elle doit être une bonne épouse et une mère avisée. En japonais, les enfants la désignent par le terme *ofuukuro*, ce qui signifie littéralement « la poche », c'est-à-dire celle qui porte les enfants. Derrière ce mot, se cache donc toute une symbolique très représentative de la culture japonaise. C'est la mère qui est responsable de l'éducation de ses enfants.

Des racines spirituelles

Selon les théories bouddhistes, la femme occupe une position spirituelle par essence inférieure à l'homme. Ceci s'explique par ses fonctions procréatrices qui l'attachent au bas monde, et donc l'empêchent en quelque sorte de s'élever dans la sphère spirituelle. Elle est proche de la terre, mère nourricière et créatrice. Elle peut se fondre en cette nature qui change de cycles saisonniers, semblable à son propre corps qui change tous les vingt-huit jours.

Afin de chanter leurs souffrances, les femmes chinoises ont créé il y a 2 500 ans une langue orale secrète, incompréhensible des hommes, connue sous le nom de *Nushu*. Dans ses recherches sur cette langue unique, le professeur Zhao explique que *« la raison première de la naissance de cette langue fut le fait que les femmes vivaient dans l'illettrisme forcé, qu'elles ne pouvaient pas aller à l'école et que personne ne leur enseignait le* Hanzi, *l'écriture chinoise »*.

La femme asiatique, qu'elle soit thaïlandaise, vietnamienne ou chinoise, se doit d'être « irréprochable » vis-à-vis de son entourage – de sa famille et de la communauté. Si le mariage lui apporte la consécration de ses vertus, il lui confère également une reconnaissance sociale.

Elle quitte le joug du père pour se soumettre à celui de son mari, qui lui doit protection et respect, l'amour étant un sentiment nouveau, apporté par l'Occident. Dans certaines sociétés, elle se marie encore par devoir, moins par amour. Même si les jeunes femmes asiatiques, ayant de plus en plus accès à l'éducation supérieure et pouvant parfois terminer leurs études à l'étranger, se laissent encore « guider » par leurs parents quant au choix du futur mari pour les plus traditionnelles, heureusement, certaines savent prendre d'autres voies pour se choisir un époux.

Groupe Eyrolles

Le couple occidental

Être amoureux, du désir à la réalité

« Depuis hier soir, je songe à vous, éperdument. Un désir insensé de vous revoir, de vous revoir tout de suite, là, devant moi, est entré soudain dans mon cœur. Et je voudrais passer la mer, franchir les montagnes, traverser les villes, rien que pour poser ma main sur votre épaule, pour respirer le parfum de vos cheveux. Ne le sentez-vous pas, autour de vous, rôder, ce désir, ce désir venu de moi qui vous cherche, ce désir qui vous implore dans le silence de la nuit ? »

GUY DE MAUPASSANT, extrait de la lettre à Madame…
Tunis, le 19 décembre 1887

Quand un homme tombe amoureux, il est brutalement bouleversé, comme frappé par un « coup de foudre ». Il a l'impression de prendre feu devant la beauté et la grâce de la femme. Il éprouve un désir, un amour, une tendresse jusqu'alors inconnue pour cet alter ego, si proche et pourtant si différent. Chaque homme revit à sa façon ce soupir d'Adam devant Ève : *« C'est l'os de mes os, la chair de ma chair. »*

Séduit, l'homme se sent capable de prouesse pour conquérir celle qui l'attire comme un « aimant ». Saisi par le mystère de cette irrésistible poussée, l'homme amoureux trouve la vie plus belle qu'avant. Ses activités masculines elles-mêmes – travail, conquête, sport – prennent un sens nouveau. Il cherche à se faire remarquer, à donner le meilleur de lui-même. Se savoir aimé lui procure une telle confiance en lui qu'il se sent capable de toutes les audaces.

De son côté, la femme amoureuse vit comme un rêve. Plus jamais seule, espère-t-elle. Elle attend une présence qui écoute, sans juger. Peu à peu, elle prend alors confiance en elle, elle a l'impression d'être digne d'amour. La femme n'a pas l'esprit de conquête, elle n'est pas faite pour gagner un homme. Elle est réceptivité, accueil. Quand elle reçoit l'amour sans effort, sans le mériter, elle peut devenir elle-même. Elle peut se détendre, ses angoisses et ses doutes s'évanouissent. Elle devient rayonnement d'un amour qu'elle reçoit d'un autre qu'elle-même.

Ce point est essentiel dans la compréhension de l'articulation homme/femme. La femme qui ne reçoit pas assez avant de donner s'épuise. Elle donne trop, se fatigue, se lasse, se tend. Elle perd cette grâce de rayonnement, de féminité qui motive l'homme. Il y a un équilibre à trouver entre donner et recevoir.

Destiné à s'entendre

À l'intérieur du couple, le lien est marqué par la richesse et la complexité des relations interpersonnelles, avec les spécificités masculines et féminines.

L'homme et la femme sont appelés à vivre en harmonie. Ils recherchent naturellement la communion pour servir, ensemble, une cause, une tâche, une œuvre : éduquer des enfants, se battre pour plus de justice sociale, bâtir un patrimoine, aider les pauvres, faire progresser la science, servir le développement international, faire évoluer la société. Chaque couple a un projet plus ou moins conscient, un projet qui a du sens et nourrit son bonheur au quotidien.

Cette œuvre, quelle qu'elle soit, s'accomplit dans l'unité des complémentarités homme/femme. Tomber amoureux n'est qu'un premier pas. *« S'aimer, ce n'est pas se regarder l'un l'autre, c'est regarder ensemble dans la même direction »*, écrit l'auteur du *Petit Prince*. Il faut tisser patiemment l'alliance pour que l'amour du couple prenne une autre dimension, au-delà du bonheur mutuel de vivre ensemble.

La tâche n'est pas aisée. Inconsciemment, les relations, sont souvent empreintes de jeux psychologiques qui manipulent : virilité mal placée qui cherche à dominer, féminité exacerbée qui veut séduire à tout prix.

Le « travail » du couple est de bâtir une relation de respect, non de rivalité ou de pouvoir. L'homme et la femme sont appelés à s'aider mutuellement, dans le sens de l'épanouissement de chacun. Dans l'idéal, leur relation, tissée grâce à leur entente mutuelle, est faite pour développer toutes les potentialités du couple.

Groupe Eyrolles

Dans une relation d'altérité, chaque personne est voulue pour elle-même. Elle se découvre et s'épanouit grâce à l'autre. Cet accomplissement se réalise à travers un don désintéressé de l'homme à la femme, et réciproquement. C'est de loin le but le plus ardu à atteindre, compte tenu de la psychologie et de l'affectivité moderne.

Des sauts d'obstacles

La beauté du couple est parfois ternie par l'incompréhension ou l'endurcissement qui conduit à la domination mutuelle. L'obscurcissement est en grande partie lié au regard porté sur la sexualité voulue pour elle-même, au lieu d'être « don » désintéressé de soi. Le plaisir devient un but en soi, plutôt qu'un fruit de la communion des corps et des âmes.

Les énergies masculines et féminines sont instrumentalisées, là où elles étaient canalisées pour l'harmonie de l'homme et de la femme. L'unité est rompue ou menacée constamment, une relation insidieuse de domination mutuelle s'instaure plus ou moins consciemment, qui remplace le don de soi et le service de l'autre.

L'homme peut mettre en danger le charisme féminin de plusieurs façons, en utilisant sa force physique et psychologique de façon violente, en surprotégeant par manque de confiance dans le but de posséder. Dans les deux cas, la femme se trouve « réduite » sous le joug de l'homme, elle n'arrive pas à sa stature de femme libre et responsable de sa vie.

La femme de son côté peut exploiter le charisme masculin en le convoitant au service de son ego. Elle développe son pouvoir en flattant la virilité, séduisant pour mettre l'homme à son service. Ou bien elle se met en rivalité de pouvoir avec l'homme, au lieu de jouer la complémentarité.

Dans ce déséquilibre virilité/féminité, il y a une perte du sens même de la relation d'égalité entre l'homme et la femme. La domination réciproque perturbe la stabilité que donne l'égalité fondamentale de l'homme et de la femme. Elle ne s'inscrit plus dans des valeurs de respect de la dignité de l'homme et de la femme au service d'une relation réciproque authentique.

De manière tout à fait évidente dans l'histoire humaine, cette violation de l'égalité comporte un élément beaucoup plus défavorable à la femme, même si elle diminue aussi la vraie dignité de l'homme.

Égalité dans le couple asiatique ?

La domination de l'homme

En Asie, dans la vie du couple, l'homme doit sa supériorité aux études entreprises, lui assurant ainsi des responsabilités professionnelles certaines. Voulant tenir son rôle à la fois social et familial en tant que chef de famille, le mari s'investit totalement dans la vie professionnelle : pour lui, « la carrière est une question d'honneur ». Son rôle extérieur lui confère un certain prestige vis-à-vis de la femme et de la famille de celle-ci. Pris par ses responsabilités, le mari est donc très souvent absent, car en plus des nombreuses heures au travail, il se doit de sortir avec ses collègues et ses partenaires d'affaires.

La femme, de son côté, est souvent confinée au foyer et se consacre totalement à ses enfants. On pourrait dire que c'est à travers leurs résultats scolaires que beaucoup de femmes vivent. D'autre part, dans certaines sociétés asiatiques, la femme en épousant son mari épouse également sa famille, c'est-à-dire qu'elle est appelée à vivre sous le même toit que la famille de son mari. Dans ce cas, la communication entre les époux est assez difficile et reste souvent superficielle, d'autant que nous sommes dans une culture implicite.

> « Pour punir les hommes
> De leurs péchés éternels
> Dieu m'a donné
> Cette peau claire
> Ces longs cheveux noirs »
> YOSANO AKIKO

Groupe Eyrolles

Un autre point intéressant, et qui montre une fois encore la manière dont la femme est perçue en Asie, est la façon dont les époux désignent leur femme. Par exemple, les Japonais nomment encore leur femme *kanaï* ; ce qui signifie « celle qui est dans la maison ». L'étymologie de la désignation est bien représentative de la culture japonaise, et l'on peut supposer que c'est la manière dont les hommes perçoivent leur femme, c'est-à-dire des femmes au foyer. On doit cependant admettre que la génération montante abandonne de plus en plus cette « appellation », d'autant que la femme peut être active, même à temps partiel.

La manifestation dans le langage

Au Japon, les épouses emploient souvent le mot de *goshujin* pour parler de leur mari, la racine de ce mot, *go*, étant la particule de politesse qui désigne le maître du chien. On peut remarquer que, dans cette appellation, les rapports épouse/mari sont empreints d'une relation de soumission, ou au moins d'autorité.

Il existe différentes façons de communiquer entre hommes et femmes, traduisant bien cette différenciation. Comprendre la façon de parler, c'est déjà une façon de comprendre la culture japonaise. Comprendre la manière dont les Japonais communiquent entre eux, c'est en quelque sorte posséder les clés pour comprendre la culture japonaise.

À titre d'exemple, le mot « je » se traduit par *watashi* pour une fille et *boku* pour un garçon. En utilisant ce terme, le garçon se désigne comme « sage ». En devenant adultes, les hommes et les femmes emploieront le terme *wakatushi* pour dire « je ».

En règle générale, le langage de la femme est beaucoup plus poli, ce qui vient de son éducation. Elle doit montrer du respect à l'égard de son mari. C'est pour cela qu'aujourd'hui, cette soumission suscite beaucoup de réactions négatives au sein de la société japonaise. Les femmes tentent de relever la tête, mais il est très difficile de dire s'il s'agit de leur part d'un effet de mode ou bien d'un réel mouvement sociologique.

De même dans la langue thaïe, les termes de salutations sont utilisés différemment si l'on est un homme ou une femme, s'adressant à un homme ou à une femme.

Les Vietnamiens appellent leurs épouses *nhà tôi*, qui signifie « ma maison », ce qui est certes symbolique. Elles ne sont pas considérées comme « leur moitié », mais elles sont en quelque sorte leur propriété.

Avec ces quelques exemples, nous voyons parfaitement que l'égalité représente donc encore une longue marche en Asie, même si dans les pays communistes, comme la Chine ou le Vietnam, la différence entre homme et femme ne doit pas exister, en raison de l'idéologie communiste égalitaire pour tous. En réalité, c'est ce que nous apercevons à la surface de l'iceberg. Sous l'eau résident des principes millénaires profondément enracinés dans l'éducation différenciée des garçons et des filles.

L'évolution des relations en Occident

Les femmes, le moteur des changements

Aujourd'hui, les relations entre homme et femme sont influencées par la transformation de la femme. La maîtrise de la procréation a tout changé du rapport de la femme à elle-même. Parce qu'elle peut décider de son devenir de mère, elle n'est plus fille ou femme de la même façon.

La relation au travail a également modifié sa sphère d'influence dans la société grâce à l'accès aux droits, à l'égal de l'homme : vote politique, études, diplômes, travail, responsabilités. À partir du XXe siècle, grâce à l'éducation de ses capacités psychiques et intellectuelles, la femme a plus d'ouverture pour s'émanciper du poids des traditions, devenir plus libre et responsable.

Cet accès à la reconnaissance et à l'autonomie engendre par ailleurs de nouvelles charges pour les femmes modernes. Il faut concilier une vie professionnelle, équivalente à celle des hommes, avec la maternité, limitée par l'horloge biologique.

Groupe Eyrolles

Au XXIe siècle, la parité professionnelle est un leurre, les femmes ne sont pas embauchées, responsabilisées, payées comme les hommes. C'est parfois au prix de lourds sacrifices que les femmes enfantent tout en menant leur carrière.

Un peu d'humour...

Un homme trouve une lampe sur le bord de la route. Il la ramasse et la frotte vigoureusement. Un génie apparaît : « Maître, tu m'as appelé, je suis là pour t'accorder ton désir le plus cher. » L'homme réfléchit un moment et répond : « Je rêve d'un travail enrichissant, un travail qu'aucun homme n'a jamais réussi à faire. » « C'est accordé, dit le génie, tu seras femme au foyer. »

La nostalgie du passé

Paradoxalement, dans les relations amoureuses, les femmes ont les mêmes aspirations que leurs mères et grands-mères. La femme romantique reproduit des schémas archaïques de « soumission », se trouvant en position de vulnérabilité, espérant de l'homme qu'il la comble et la protège. À la maison, elle porte instinctivement à l'homme un amour reconnaissant, confiant, prometteur de tous les pouvoirs et libertés.

Les archétypes freudiens ont la vie dure. L'homme, bon père de famille, puissant socialement, pilier de l'institution familiale, porteur du nom, actif professionnellement. La femme, épouse et mère de famille, féconde et soumise, passant du père au mari pour la gestion de son patrimoine et l'organisation de sa vie, attendant de l'homme qu'il lui permette de devenir femme. Cette idéalisation de l'homme peut ne jamais s'émousser et survivre pour cimenter le couple. Cela ne vaut pas pour toutes les femmes, mais elles sont encore très majoritaires à exister à travers l'homme : père, fils, mari, patron.

Le problème lié à ce mode de relation réside dans ce qu'il instaure une relation de subordination, l'homme mettant en avant sa puissance de conquête et de protection, la femme sa capacité à enfanter et à servir, parfois pour mieux asservir, générant des comportements répétitifs où le masculin s'oppose au féminin. La clé du basculement, ne serait-elle pas dans la prise de conscience que le couple n'existe pas pour soi-même ?

Les réalités du présent

S'il reste à lui-même sa propre finalité, le couple peut devenir une sorte d'égoïsme à deux. Sa constitution nécessite certes une phase narcissique qui permet à l'homme et à la femme de s'apprivoiser, de faire connaissance en profondeur. Passé ce temps de découverte approfondie, le couple peut accéder à sa maturité. Il se décentre de lui-même et vise d'autres buts : l'arrivée des enfants pour s'épanouir en une famille, le service commun d'une cause, d'un idéal, d'une mission. C'est le projet de vie du couple, vécu dans une soumission mutuelle qui permet sa solidité, sa pérennité : une soumission qui n'est jamais dévalorisation, mais jaillissement d'une énergie commune dans le respect des complémentarités.

Cependant aujourd'hui, le couple n'est plus une entité stable, conçu pour la vie. Il n'est pas rare de vivre plusieurs vies de couple, se séparant de son ou sa conjoint(e) quand l'amour n'est plus au rendez-vous. Pour recommencer avec un autre ou une autre qui conviendra mieux.

Plusieurs façons de vivre ou non le couple

Vie en solo : en France, un ménage sur trois est constitué d'une personne seule. La vie en solo est fréquente aussi en Allemagne et au Royaume-Uni. Elle est encore rare dans les pays du sud : Italiens, Espagnols, Portugais, Grecs, quittent très tard le foyer parental pour se marier.

Cohabitation : en France, 15 % des couples ne sont pas mariés… Dans le Nord, il y a plus de cohabitations, elles durent plus longtemps, même après la naissance du premier enfant.

Mariage : en France, l'âge du premier mariage a augmenté de 5 ans en 20 ans : 28 ans pour les femmes et 30 ans pour les hommes. Globalement en Europe, on se marie plus tard que ses parents.

Pacs : en France, un pacte civil de solidarité permet à deux personnes habitant ensemble de s'unir contractuellement sans se marier. C'est une alternative au mariage, moins contraignante, plus facile à rompre.

Les années 1970 ont été un tournant radical pour l'évolution des couples. Sous l'influence des idées portées par mai 1968 – épanouissement personnel, libération sexuelle, union libre –, la nuptialité a chuté de façon spectaculaire. Démodée, diront certains. La montée du chômage et de la précarité, la difficulté pour les jeunes de s'intégrer dans la vie professionnelle n'incitent guère non plus à la constitution officielle d'un couple.

Quand les personnes se marient, elles habitent ensemble depuis longtemps et ont déjà des enfants. Aujourd'hui en France, 45 % des naissances se font en dehors des liens du mariage. Les lieux de rencontre évoluent… Pour trouver l'âme sœur, les bals, relations de voisinage, réunions de famille ont été remplacés par les clubs de vacances, réseaux d'amis, cafés et lieux publics, Internet.

De nouveaux modèles de couple ont émergé, fondés sur la revendication en particulier féminine de l'union libre. La montée du célibat s'est poursuivie au service de l'ambition des femmes dans leur vie professionnelle pour atteindre 10 millions en France, dont 2 millions avec enfants. Les mœurs de vie de couple ont également beaucoup changé. Sous l'effet des contraintes de carrière des deux conjoints, les couples n'habitent plus obligatoirement ensemble.

La place croissante des femmes dans la vie économique et, de plus en plus, politique a permis de commencer à influencer la culture de la société : les valeurs féminines de pacifisme, modestie, capacité d'écoute, sens pratique, humanisme sont de plus en plus perceptibles dans la vie collective.

Les hommes, *a contrario*, ont été forcés d'évoluer. Au début, ils étaient perturbés, avec l'impression de perdre leur identité au travail et leur rôle de protecteur et père nourricier à la maison. Les caractéristiques masculines ont été jugées plus sévèrement par la société : esprit de compétitivité, volonté de domination, agressivité. Ces messieurs ont eu du mal à comprendre les attentes nouvelles des femmes dans tous les domaines : partage des responsabilités, des décisions, de la sexualité. Les femmes veulent avoir un droit de regard désormais sur les choix professionnels, mais aussi de logement, d'achat d'équipements, de vacances.

De même, elles souhaitent partager les tâches ménagères. Les mœurs en ce domaine évoluent lentement, les images sociales des deux sexes étant fortement ancrées. La plupart du temps, le partage du travail se fait de façon spontanée et ne fait pas l'objet d'un débat très élaboré. Souvent, ce sont les cas de divorce qui révèlent les insatisfactions, les frustrations relatives à un partage des tâches du quotidien pas toujours équilibré.

Enfin, la sexualité s'est énormément libéralisée. L'exploration de diverses pratiques sexuelles autrefois taboues s'est largement développée. La nudité a fait son apparition sur les plages, ainsi que dans les magazines et les publicités. La loi a levé grand nombre d'interdits concernant les sex-shops, les clubs spécialisés, la pénalisation de l'adultère, de la prostitution ou de l'homosexualité. La baisse des pratiques religieuses et la généralisation de la contraception n'ont fait qu'aider en ce sens. Les premiers bénéficiaires de cette libération ont été les femmes, bien sûr, mais aussi les adolescents.

Seul le sida semble aujourd'hui pouvoir contenir cette révolution des mœurs sur le plan de la sexualité. Au-delà des risques de maladies incurables qui se sont révélées avec ce virus, le regard sur la sexualité a changé. Un lien nouveau est apparu. L'amour peut désormais apporter la mort. Dans ce contexte, l'autre peut être contagieux, il faut s'en protéger par le port d'un préservatif. L'amour libre, centré sur l'unique plaisir, pourrait-il se retourner contre la vie ? Une interrogation toute en nuance que les couples occidentaux, mariés ou pas, ne peuvent pas ignorer. Des questions émergent, celle du partenaire unique, de la fidélité à l'autre, de la maîtrise de la sexualité au service de la protection des époux, concubins, compagnons ou conjoints.

Le couple moderne en Asie

L'émancipation des femmes par le travail

La vie moderne et la participation de plus en plus visible des femmes dans les entreprises font que la structure sociale établissant le rôle de l'homme et celui de la femme se trouve maintenant ébranlée.

Le fait est qu'en Thaïlande comme dans quasiment tous les pays rizicoles et bouddhistes d'Asie, la femme a toujours eu sa place au travail. En 2005, et sans qu'une quelconque révolution ait eu lieu, 52 % de la population active est féminine. Mieux, 48 % des cadres et dirigeants d'entreprises sont des femmes – sans compter les nombreux cas d'entreprises où la personne « au front » est un homme, mais celle qui prend les vraies décisions est la vieille « tatie », dans l'ombre des salles de réunion, à l'instar de l'impératrice douairière Cixi sous les Qing, en Chine.

Cette contribution à la vie professionnelle confère à la femme une certaine indépendance, et même une certaine liberté, « surveillée » cependant par son entourage, sa famille, la société. Elle travaille, elle est indépendante financièrement ; toutefois, elle doit rester « respectable » et « irréprochable » sur le plan moral.

Du fait de leur participation dans les fonctions économiques, les femmes asiatiques jouent progressivement un rôle, mais ce rôle leur confère-t-il un pouvoir ? Elles contribuent de plus en plus aux activités économiques de leur pays dans la mesure de leurs moyens, même si, souvent, ces activités d'employées de maison, d'assistantes en entreprises, ou de commerçantes ne sont accompagnées d'aucun prestige : elles sont principalement alimentaires. Ces femmes font leur devoir de mère et de support de la famille sans chercher de récompense sociale ou de prestige égocentrique. Leur conscience de mère est apaisée, croient-elles, peut-être.

Comment peuvent-elles s'approprier le pouvoir puisqu'aucun ne leur a été dévolu depuis la naissance, sinon celui de procréer ? Certes, grâce à leur participation aux activités économiques, les femmes détiennent un pan du pouvoir, mais il s'agit, finalement, de savoir si les femmes ont « du pouvoir » dans le domaine qui leur est assigné ou si elles ont, sur les hommes et la société, le même pouvoir de décision finale et globale qu'eux. Il leur reste encore à le démontrer.

Le féminisme en tant que fin, c'est l'égalité des droits pour les deux sexes : droit aux mêmes salaires, droit aux mêmes aspirations. Mais, en Asie, on peut aussi voir cette égalité comme un moyen de modifier la société, un moyen de faire évoluer celle-ci vers une direction plus juste, plus égalitaire, pour que les femmes ne soient pas obligées de marcher deux ou trois pas derrière leur mari, comme au Japon, il y a encore peu de temps.

Comment le féminisme s'est-il développé en Asie ? Non par la révolution, mais par l'écriture et par l'engagement politique.

Le féminisme en Asie

Dès 1900, le Japon ouvre la voie du féminisme en Asie avec la création de la première université féminine et la parution en 1901 de *Midaregami* ou *Cheveux emmêlés* par l'illustre poétesse Yosano Akiko qui utilisait sa plume pour dénoncer ouvertement la condition féminine japonaise de l'époque.

La Thaïlande permit dès 1932 l'accès des femmes à la vie politique avec le droit de vote. Dans ces deux pays, la Thaïlande et le Japon, les femmes ont très tôt compris qu'il fallait s'engager politiquement pour que leur condition change. Puisqu'elles sont confinées à l'intérieur de leur foyer, il leur faut investir l'espace public pour faire reconnaître leurs droits à l'égalité. Si en 1932 il y avait très peu d'élues, de nos jours la vie politique en Thaïlande s'est bien féminisée : de 5,6 % en 1996, les femmes représentaient presque 10 % des députés et 11 % des sénateurs en 2001.

En 1996, le Japon, lui, ne possédait que 4 % de députées. La situation change progressivement avec l'engagement de Mariko Mitsui, militante socialiste dès 1970, convaincue que pour changer leur situation, les femmes japonaises doivent s'engager et participer aux organes de décision afin de faire voter des lois en leur faveur.

Des situations contrastées

Au Japon, le rôle des hommes et des femmes est structurellement et socialement défini ; c'est contre cette définition qui limite les femmes dans leur liberté de penser, d'agir, d'être, finalement, que le féminisme japonais s'efforce de combattre tout en douceur.

« *On ne naît pas femme, on le devient* », affirmait Simone de Beauvoir. Le rôle de la femme ne doit-il pas dépasser sa détermination biologique d'enfanter ? La femme a un rôle à jouer et la question est de savoir comment les femmes japonaises vont se comporter dans ce rôle et si elles peuvent se libérer de ce déterminisme dans leur rôle d'épouse et de mère. Ce sera la manière de se comporter dans ce rôle plutôt imposé que choisi.

Selon Anne Garrigue, les femmes japonaises sont en train de faire « une révolution douce ». Malgré leur volonté de s'émanciper de la domination des hommes dans une société où les relations hommes/

Groupe Eyrolles

femmes sont régies par des siècles de traditions, elles continuent à parler des mérites de leurs chefs avant de reconnaître les leurs. Il faut continuer à respecter le code social tout en bousculant les barrières dressées par les hommes.

Progressivement, la société japonaise, essentiellement fondée sur les valeurs masculines, prend fin. Faut-il imaginer d'autres valeurs ? La discrimination qui touchait les femmes dans ce mode d'organisation sociale les a poussées à construire leurs propres références, à tisser d'autres relations avec les autres, à affirmer aussi une certaine forme d'individualisme, d'indépendance. Elles ne sont plus des laissées-pour-compte, maintenant elles « raflent » les prix littéraires. Pour pouvoir assumer entièrement leur rôle dans la société en tant qu'être humain et non en tant qu'épouse, elles n'ont que le choix de rester célibataire.

De même pour les femmes thaïlandaises. Leur indépendance financière a bousculé des siècles de dépendance vis-à-vis de l'homme ; privées de cette assurance, elles traversent une grave crise d'identité. La proportion des femmes abandonnées par leur ami ou mari à la naissance de leur enfant est impressionnante. Certains hommes ne pouvant plus assurer leur devoir, assumer leur responsabilité, renoncent à leur rôle de chef de famille et quittent la maison.

En Chine, la trop rapide croissance économique a bouleversé les structures familiales et les relations entre les couples. Aujourd'hui, les amis chinois ne vous saluent plus, comme il a été de tradition, avec un « avez-vous mangé ? », mais « êtes-vous divorcé ? ». Le taux national du divorce est de plus de 10 %, dont 70 % sont initiés par des femmes. Pour celles-ci, cette situation représente une forme de développement social.

Du côté des hommes, la réussite professionnelle et la richesse fulgurante de certains les ramène à emprunter la voie traditionnelle de leurs aïeuls : avoir des maîtresses ou des concubines. L'homme est ainsi flatté dans son ego et doit montrer sa réussite sociale en entretenant plusieurs foyers. Il n'est nullement « mal vu » d'être des « concubines » d'hommes

Groupe Eyrolles

riches. Certaines s'en vantent sans honte. L'égalité entre les hommes et les femmes, apportée par le communisme, est peut-être en train de s'effriter en raison de la liberté économique donnée aux femmes.

Comment un Occidental séduit-il une Asiatique ?

- Être très patient.
- Se montrer généreux en cadeaux et galant.
- Être prêt à accepter la copine ou la cousine qui l'accompagne.
- Ne pas oublier de lui souhaiter son anniversaire.
- Lui répéter qu'elle est unique.
- S'intéresser à sa famille à elle.
- Accepter de l'accompagner dans ses sorties.
- Lui montrer respect et affection, sans trop de démonstration.

L'attitude des jeunes femmes asiatiques vis-à-vis d'un Occidental peut être très différente d'un pays à l'autre : attirance ou méfiance.

Si les Vietnamiennes, les Chinoises, les Taïwanaises, les Coréennes semblent plus prudes et difficiles à conquérir, les Japonaises peuvent paraître plus ouvertes. Tout dépend du lieu de rencontre, en Asie ou en Europe.

Sur les chemins de l'intimité

1. **Intimité bien ordonnée commence par soi-même**. Commencez par vous pencher sur vous-même. Essayez de nourrir vous-même vos besoins affectifs plutôt que d'attendre que l'autre y réponde.

2. **Regardez les difficultés à la lumière de ce qu'elles vous font vivre intérieurement**. Lorsqu'elles deviennent conscientes, les relations les plus difficiles sont celles qui portent le plus de fruits. La vraie raison de partager sa vie avec quelqu'un n'est-elle pas de faire exploser la créativité de chacun ?

3. **Passez d'une position de victime à celle de coopération à votre destin**. Dégagez l'autre de vos exigences, récupérez votre pouvoir personnel en retirant vos projections sur l'autre. Cessez d'accuser, centrez-vous

sur ce qui vous appartient dans la situation (intimité, zone d'ombre). Enfin, acceptez d'avouer à l'autre votre propre vulnérabilité.

4. **Communiquez pour vivre, l'expression permet à l'énergie de circuler.** Tout ce qui vous est communiqué agit sur vous pour que vous puissiez le transformer en vous exprimant. L'important n'est pas de régler les problèmes, mais de faire circuler les affects.

5. **Passez d'une transmission de vos affects à une communication créatrice d'intimité.** Pour cela, bannissez le langage « tu » qui tue l'autre, préférez le langage « je » qui parle de soi en respectant la liberté inaliénable d'autrui.

6. **Acceptez de confronter l'ombre en vous-même,** pour pardonner à l'autre les zones d'ombre qui vous font tant souffrir. L'intégration de l'ombre dans la relation génère un détachement puis une sérénité qui rend le plaisir et la douleur relatifs.

7. **Maintenant, entrez dans la joie de l'intimité,** une joie concrète, née du consentement total au vivant.

Mots clés

En Occident _____   _____ **En Asie**

Couple	Domination
Don	Soumission
Entente	Protection
Équilibre	Confort
Égalité	Statut social
Complémentarité	Mariage
Désir amoureux	Maternité
Projet de vie	Reconnaissance
Communion	Émancipation

Groupe Eyrolles

Chapitre 6

La famille

« La famille est le lieu symbolique où se construisent les rapports sociaux. »
CLAUDE LÉVI-STRAUSS, Les structures élémentaires de la parenté

À Hanoi

Assis sur un banc de bois vert, Leslie et Arnaud contemplent le lac Hoan Kiem au cœur de Hanoi. Le vieux médecin à la retraite, gérant de leur hôtel, les a invités à observer le lac. Ils pourraient y voir apparaître une tortue géante, descendante de la tortue d'or. La veille au soir, l'épouse du médecin a tenu à leur offrir un pho, soupe traditionnelle, en guise de bienvenue.

Toute la famille est là : le fils aîné, sa femme et leurs enfants, la fille cadette et deux de leurs cousines. Leslie se demande où tout ce monde dort. Elle les voit arriver, le matin, de la pièce du fond, probablement une chambre à coucher. Au fil des jours, elle comprend. Les grands-parents dorment dans la pièce avec deux de leurs petits-enfants. Le couple a la chance d'avoir sa propre chambre, au dernier étage, ainsi que leur aînée, jeune fille de treize ans, une chambre au fond.

L'une des cousines, la plus âgée, dort sur un banc en bois dans le couloir d'entrée. Elle attend que tout l'hôtel soit couché pour déposer son oreiller et commencer sa nuit. La journée, elle prépare et sert le petit déjeuner aux clients, fait la cuisine pour toute la famille. La seconde cousine l'aide au ménage des chambres. Jeune fille de dix-huit ans à peine, elle loge dans une mezzanine, au-dessus de la kitchenette. Leslie saisit toute la promiscuité d'une famille asiatique, et la contrainte de discrétion qui en découle.

La belle-fille va et vient pour conduire ses enfants en scooter à l'école. Elle accueille les clients, tient les comptes dans de grands registres, gomme et crayon à la main. La belle-mère, elle, détient la combinaison du coffre-fort qui est posé à l'entrée de la pièce du fond, surmonté d'un plantureux bouddha. Au petit matin, c'est elle aussi qui monte à la terrasse, au dernier étage de l'hôtel, pour honorer les ancêtres à grand renfort d'encens et de prières.

La cadette est un peu différente. Ouverte sur le monde, elle a réussi l'école d'interprète et organise des excursions pour l'hôtel. Elle va et vient pour conduire les clients sur les sites pittoresques : Temple de la littérature, Mausolée d'Ho Chi Minh, baie d'Along, Pagode des parfums.

Arnaud a choisi cet hôtel pour sa situation, au centre du quartier commerçant, endroit idéal pour un repérage des meilleurs produits artisanaux. Les boutiques, ouvertes sur la rue, offrent au regard une abondance de marchandises. Les rues sans trottoir sont dangereuses, vrombissantes de bruits de scooters et klaxons incessants. Entre les pousse-pousse qui les harcèlent et les femmes, balance à l'épaule, qui leur proposent des fruits de toute sorte, Arnaud et Leslie se laissent happer par l'énergie de la ville.

De rue en rue, ils déambulent et découvrent la vie des familles logeant dans leur arrière-boutique. Les Vietnamiens dégustent à toute heure des pho, des nems ou des brochettes grillées, assis sur de petits tabourets, dans la rue. Le soir tombé, ils brûlent des morceaux de papiers

Groupe Eyrolles

devant leur boutique, garent leur scooter à l'intérieur, déplient les nattes qui leur servent de lit et tirent le rideau de fer.

De retour à l'hôtel, Arnaud et Leslie aperçoivent le vieux médecin qui aide ses petits-enfants à faire leurs devoirs. Intimidé, Arnaud ose cependant lui poser quelques questions sur les coutumes observées dans la journée. « Pourquoi des rues spécialisées par marchandise, des immeubles si étroits, que brûle-t-on sur le trottoir à la tombée de la nuit ? »

Le grand-père écoute posément, vérifie qu'il a compris, prend le temps de réfléchir avant de répondre dans un français particulièrement élégant. « Autrefois, les trente-six corporations de la ville ont choisi de s'établir chacune dans une rue. La rue se dit « hang », qui veut dire marchandise en vietnamien, suivi du produit vendu comme par exemple la soie, la céramique, la ferronnerie, les chaussures… Maintenant, il y a au moins cinquante rues, et le nom des rues ne correspond pas toujours aux articles vendus. Quant aux maisons de Hanoi, elles sont longues et étroites comme des tunnels. Les propriétaires réduisaient ainsi les taxes foncières calculées sur la largeur de la façade. Au crépuscule, les marchands brûlent des faux dollars devant leur boutique pour rendre le culte aux ancêtres. C'est une façon de leur envoyer de l'argent. »

Arnaud s'enhardit. Il a des conseils à demander. Là-dessus, rentre le fils aîné. Invité par son père à intervenir dans la discussion, il hoche la tête et propose à Arnaud de prendre une bière avec lui. Ils devisent un moment sur les bonnes adresses pour acheter du matériel vidéo et finissent par regarder, ensemble, le match de football qui vient de commencer à la télévision, accrochée en hauteur, au-dessus de leur tête dans la pièce du petit déjeuner.

Groupe Eyrolles

La famille, approche occidentale

L'essence et le sens

Du latin *familia*, issu de *familius*, serviteur, au sens de la famille élargie, la famille est l'ensemble des personnes liées entre elles par les liens du mariage, de la filiation de sang ou d'adoption. Succession d'individus qui descendent les uns des autres, de génération en génération.

Depuis la nuit des temps, la famille assure la continuité de la vie et la transmission du patrimoine biologique, culturel, matériel, symbolique. Reproduction et perpétuation du groupe social, tel est le but du système matrimonial, la famille n'étant pas en cela une affaire purement privée.

Plus proche de nous, la famille nucléaire, petit noyau de vie, communauté de personnes apparentées – père, mère, enfants, vivant sous le même toit. En son sein, se tissent les relations entre générations, entre sexes, les liens d'autorité et de liberté.

Famille, deviens ce que tu es… chaque famille découvre en elle-même un appel pressant à vivre sa dignité, sa responsabilité. Comme communauté de vie, son principe et sa force, c'est l'amour. Sans lui, elle n'est pas cette cellule vivante de communion entre les personnes et avec son environnement, elle ne peut survivre, grandir, progresser.

Elle est de l'ordre de l'essentiel. L'homme ne vit pas sans amour, c'est dans la famille qu'il fait naturellement ses premières expériences d'être aimé et d'aimer en retour.

L'épanouissement de la vie

Le couple homme/femme est le fondement sur lequel s'édifie la communion plus large entre parents, enfants, frères et sœurs, autres proches comme grands-parents, oncles et tantes, cousins, cousines, neveux et nièces. Dans les liens du sang, la communion s'enracine pour se développer vers une maturité de l'amour qui habitera les relations aux autres, force intérieure de la vie ensemble. L'harmonie entre personnes de la même famille se bâtit, jour après jour, pour devenir lieu d'humanité, sculpteur d'humanité…

En plus de sa fonction de reproduction, biologique et sociale, la famille est cette unité qui permet de révéler le « soi » de chaque personne, l'aidant à se construire. Chacun naît inachevé, il a besoin de proches pour découvrir ses talents et ressources enfouis au fond de lui. En cela, l'échange parents/enfants est essentiel. Pas seulement les parents vers les enfants dans une relation d'éducation, mais l'échange qui permet de donner et de recevoir. Les parents sont aussi appelés à prendre conscience du don qu'ils reçoivent sans cesse de leurs enfants.

Au sein d'une famille, quand l'amour ne circule plus, la vie non plus. Si l'équilibre est rompu, tensions, dissensions, égoïsmes, conflits font violence à la famille jusqu'à risquer de l'anéantir. Les conséquences ne sont pas toujours neutres, ni sur l'éducation des enfants et leur équilibre psychique, ni sur le lien social, la famille étant la cellule première et vitale de la société.

La famille, cellule vivante de la société

Loin de se replier sur elle-même, la famille est appelée à s'ouvrir aux autres personnes, familles, communautés. Elle est comme le berceau d'une société plus humaine, lieu de l'apprentissage du respect de la dignité de soi et des autres. Elle aura à cœur de trouver un champ d'action privilégié pour exercer son rôle social : vitalité économique, ouverture et accueil des plus défavorisés, engagement politique, militantisme divers pour éviter, par exemple, que l'État ne blesse les droits et les devoirs de la famille et la soutienne.

La famille est comme la cellule d'un corps humain qui serait la société tout entière. Ensemble vivant, elle naît, grandit, devient adulte… et peut mourir comme chacun sait. Elle est la plus petite unité formée pour reproduire la vie, la faire croître, l'échanger avec l'environnement extérieur, recevant d'autres familles ce dont elle a besoin pour exister, donnant encore à d'autres en fonction de sa mission spécifique.

La vitalité des familles est en cela garante de la vie des sociétés. Si des enfants naissent en nombre suffisant, la société pourra se conserver, se renouveler et perdurer à travers les âges. Si les enfants y sont éduqués de façon adéquate, ils s'intégreront dans la société et lui insuffleront le dynamisme économique et politique dont elle a besoin. Si elle reste stable, elle sera pilier de la santé sociale et contribuera à limiter les désordres multiples qui prennent des visages parfois menaçants : violence, délinquance, exclusion, pauvreté, maladie psychique.

Lieu de consommation, son dynamisme est aussi un haut lieu de la santé économique du pays. Construisant leur maison, nourrissant et habillant leurs enfants, partant en vacances, les familles sont ce rouage essentiel de la vie des entreprises et des organisations qui enrichissent le pays.

Les familles en péril sont des sources de risque pour un pays : santé, chômage, atteinte de l'équilibre psychique et des capacités de travail et d'insertion… En Occident, les politiques familiales se suivent pour tenter de remettre de l'équilibre là où une certaine licence des mœurs a conduit à des situations irrémédiables.

Groupe Eyrolles

Les perceptions asiatiques

La famille élargie

La famille regroupe des membres d'une même famille d'au moins deux sinon trois générations et provenant de différents systèmes de relations – soit par le sang, soit par les liens du mariage. Toutefois, elle peut s'étendre facilement soit grâce à la relation au nom même de famille, soit par l'appartenance à un même quartier ou la provenance d'un même village. En Asie, nous sommes tous « cousins » de quelqu'un.

Unité de base de la société, la famille sert de fondation, de souche ou de racine vers laquelle « *tombent les feuilles* ». Des liens très forts, solidaires, sont tissés au sein de cette entité, même s'ils semblent invisibles aux yeux de l'étranger. Les membres qui la composent se construisent les uns par rapport aux autres et se réfèrent à ce premier cercle social. La famille est considérée comme étant la première école de l'apprentissage de la vie.

En effet, c'est au sein de cette cellule que l'enfant asiatique apprend à connaître les autres et à développer ses propres rapports avec eux. Grâce à cet apprentissage de son propre rôle et de sa place dans la famille, il pourra déterminer plus tard le genre de rapports qu'il adoptera dans la société.

À l'encontre de la culture européenne où les enfants, une fois adultes, quittent la famille, puisqu'appelés à l'extérieur, les enfants asiatiques, et en particulier ceux du Vietnam, de la Chine et du Japon, sont en quelque sorte retenus par des liens sacrés, invisibles, caractérisés par le culte des ancêtres.

Le fameux « culte des ancêtres »

En Asie, la cellule familiale n'est pas seulement composée de membres vivants, elle inclut également les défunts. Par des rites et des cérémonies, le lien entre les vivants et les défunts est toujours maintenu. C'est ainsi que la famille entretient sa propre mémoire, le passé familial détermine le présent. Dans pratiquement chaque maison, on trouve un petit autel sur lequel sont posées les photographies des grands-parents et/ou des parents défunts devant lesquelles brûlent des encens, maintenant électriques, afin qu'une lumière soit toujours allumée. Une assiette de fruits, en guise d'offrande, y est également placée.

Puisque les ancêtres assurent la cohésion et la continuité de la famille, il faut entretenir avec eux des relations permanentes afin d'obtenir de leur part protection et sauvegarde. C'est au chef de famille que revient le privilège de remplir ce rôle d'intermédiaire avec les ancêtres disparus, à défaut ce sera au fils aîné. C'est à travers les rites et les devoirs sociaux que sont mieux compris les liens familiaux tissés entre les différents membres de la même famille. Lors des jours de fête, toute la famille se réunit pour prendre conscience de ses racines et de ses origines. Les offrandes faites aux ancêtres lors des cérémonies ne servent pas seulement à « alimenter » les défunts, mais également à reconnaître l'énergie qu'ils transmettent aux vivants.

En outre, il existe un lien indestructible qui relie tous les membres de la famille. Pour les Vietnamiens, c'est le *ho*, c'est-à-dire le patronyme, qui rassemble tous les membres descendant d'un ancêtre commun. En portant toutes les valeurs familiales, il traduit ainsi l'importance attachée par les Asiatiques à la consanguinité. Aussi bien en Chine qu'au Vietnam, chaque membre de la famille a une place déterminée par son rang de naissance, que ce soit du côté consanguin, *bên nôi*, donc de l'intérieur (du côté paternel), ou de la parenté par alliance, *bên ngoài*, donc de l'extérieur (du côté maternel).

Ce système d'appellation, d'une part, reflète la philosophie asiatique de la famille et de la société, où les rangs ne se mélangent pas et se doivent l'obéissance, sinon le respect, et d'autre part, renforce le fonctionnement de cette parfaite ordonnance. Le rôle que chacun doit tenir est primordial, car le respect des devoirs de chacun permet de construire des relations harmonieuses au sein de la famille.

Groupe Eyrolles

Le culte des ancêtres

« Le culte des ancêtres au Vietnam est donc bien un culte du souvenir. Les parents restent des parents qu'on respecte et qu'on aime ; ils ne deviennent pas des dieux. Le culte naît de l'affection et non de la peur superstitieuse des morts. »[1]

Dans toute l'Asie de l'est, influencée par le confucianisme, ce culte permet à la famille de garder la mémoire de son histoire et de transmettre aux générations futures une sorte de « cellule d'éternité ».

C'est de la permanence dans le changement. L'histoire de chaque famille n'est pas seulement ponctuée d'événements, mais parfaitement vécue par des hommes et des femmes dont les actions bonnes ou mauvaises seront relatées encore pendant des générations.

C'est donc un lien très fort qui relie les vivants aux morts, on peut même parler de mémoire collective et affective de la famille. Les rites du culte donnent un sens religieux à cette affection portée aux anciens disparus.

Le culte des ancêtres (suite)

« Au Vietnam, la cérémonie du 100e jour est le moment où le défunt, c'est-à-dire sa présence dans notre mémoire, donc dans la maison où l'on est, peut partir et aller rejoindre ses ancêtres, nos ancêtres, sur l'autel des ancêtres. Le défunt en entrant dans le rang d'aïeul (ou d'aïeule) nous hausse d'un cran par rapport à notre nouvelle responsabilité, par rapport à la descendance. Il nous laisse définitivement la place. Ce départ dans l'autre espace ainsi ouvert se fera d'autant plus avec grâce que le remords ne tient plus comme nœud entre ceux qui restent et

---

1. Dossier Internet (www.vietfrance.com).

celui (ou celle) qui part ainsi au loin pour réapparaître (se réincarner) quand il le voudra, comme il le voudra et là où il le voudra, y compris comme un karma (Nghiêp). »[1]

La famille, unité économique

La famille est également une unité économique. L'héritage, le patrimoine, les meubles appartiennent à la famille, et non à l'individu. Ces biens se transmettent de génération en génération. L'essentiel est de les garder au sein de la famille.

En Asie, le concept de famille est fortement assimilé à celui de patrie, en raison de la philosophie confucéenne qui domine largement la conception de la famille, spécialement en Chine et au Vietnam. En Chine, la famille et la patrie sont deux termes intimement liés. Un pays se dit *guojia*, ou patrie et famille. En parlant de conflit ou de guerre, les Chinois diront *guopo jiawang*, c'est-à-dire que la patrie est brisée et que la famille se meurt.

Cette relation explique que la famille est bien la base sur laquelle est bâtie la nation, chaque famille est comparable à une pierre de fondation sur laquelle se construit la patrie tout entière. Si chaque cellule est harmonieuse, alors tout l'édifice composé de ces différentes cellules sera solide.

Fête de la famille au Vietnam

Instituée en 2001, la Journée nationale de la famille (le 28 juin), au cours de laquelle les localités organisent de nombreuses activités autour de différents thèmes, est une occasion de sensibiliser les familles sur la prévention et la lutte contre les maux sociaux, le rôle du père, de la mère, le soin et l'éducation des enfants…

---

1. Blog de Viviane Laroy (vie-en-hics.over-blog.com).

Paternité, maternité, deux racines occidentales

Le cœur de la mère, école de l'enfant

L'enfant naît en état de fusion avec la mère, mélangé à elle. C'est bon, sain, normal pour le petit pendant le temps de la grossesse, puis dans les 18 premiers mois. La mère enveloppe l'enfant, il est le tout de la mère, la mère est son tout. C'est une étape essentielle de la vie et de la croissance. *« Le paradis est aux pieds des mères »*, dit le proverbe soufi. Les bébés qui n'ont pas la chance de connaître cet amour enveloppant sont souvent perturbés pour le reste de leur existence.

Ce qui est anormal, c'est lorsque cette étape dure trop longtemps et qu'elle est trop intense. L'enfant est alors comme en prison. L'identité de la mère et la sienne restent mélangées. L'enfant ne peut pas se séparer, grandir librement dans sa propre direction, suivre son désir. Il vit sous l'emprise de la mère.

Si l'enfant a besoin de sa mère pour se construire, il doit pouvoir s'en séparer pour devenir adulte. De même si la femme doit consentir à certains sacrifices personnels pour devenir mère, elle doit être capable de rester femme et poursuivre son développement personnel pour laisser grandir son enfant.

L'un comme l'autre doivent pouvoir satisfaire simultanément leur besoin d'unité et d'autonomie. Souvent mal perçue par l'entourage familial et social, l'expression de l'autonomie génère une certaine dose d'agressivité. Peur de blesser l'autre, sentiment de culpabilité, mère et enfant vont préférer s'adapter pour éviter l'affrontement.

Pourtant les conflits surgissent souvent pour stimuler la vie. En achetant la paix avec les autres, mère et enfant risquent de nier leur identité. La répression du besoin d'affirmation de soi chez la mère a une conséquence psychologique immédiate. L'autonomie de ses enfants devient menaçante, au lieu de les laisser vivre, elle les attache affectivement.

La mission du père : la naissance au monde

C'est le père qui a la mission de confirmer l'enfant dans son identité. Son rôle est de veiller à ce que l'enfant sorte de la fusion avec sa mère. En Occident, la présence du père signifie à l'enfant l'interdit de l'inceste. Elle lui permet de comprendre que le couple n'est pas entre lui et un de ses parents, mais bien entre adultes, homme et femme, père et mère. Ce qui libère l'enfant. Il n'a pas à combler le manque de ses parents, il peut cheminer sur sa propre route.

Si le père ne remplit pas sa mission, si la mère ignore la loi essentielle de séparation, une confusion intérieure s'installe à l'intérieur du petit d'homme. Beaucoup arrivent alors à l'âge adulte sans avoir réellement vécu la première séparation, intérieure, impérative, celle d'avec leur mère. Ils demeurent alors, en quelque sorte, dans la matrice. Ils vivent cet état fusionnel non seulement avec leur mère, mais aussi avec leur père et, plus tard, dans la majorité de leurs relations. L'objet de la fusion change, les personnes diffèrent, mais ils demeurent aliénés, la racine restant là.

Adultes, ces enfants restent sans repères propres. Ils ont du mal à affirmer leur identité personnelle, encore très soumise à leurs héritages familiaux. Ils ne se connaissent pas bien et manquent de force intérieure pour dire oui ou non aux appels de la vie. Ils ont tendance à étouffer leurs désirs les plus profonds, ils les empêchent d'émerger et préfèrent intégrer ceux de l'autre. Ce méli-mélo intérieur est source en eux d'une grande angoisse, bien pire que l'angoisse de la séparation. Ils peuvent vivre aussi dans une intense culpabilité. Le moindre acte de liberté apparaît comme une transgression, un danger pour l'autre, la fusion s'accompagnant souvent d'un chantage affectif devant lequel il est difficile de se situer. Par fausse compassion, pour éviter l'affrontement, ils se laissent alors complètement aliéner.

« Aller vers sa terre intérieure »

C'est pourquoi la tradition occidentale invite à quitter son père, sa mère, pour s'attacher à un conjoint extérieur, former un nouveau couple, une

Groupe Eyrolles

autre famille. L'idée est de quitter ses héritages pour aller vers sa propre terre, son « je », son identité différenciée de celle de son père et de sa mère.

Apprenant à suivre sa voie intérieure, la personne devient enfin véritablement elle-même. Séparée de la matrice initiale père/mère, elle sort de la confusion, du mélange, de l'emprise et de la possessivité. La personnalité peut se former, accéder à sa différence, sa spécificité, son unicité. Ce lent travail de séparation avec ses héritages familiaux n'est pas forcément une opposition. Il est une mise à distance qui autorise, ensuite, des choix libres et conscients. La personne s'ouvre à une nouvelle façon d'aimer, plus responsable, plus profonde. Sortie de sa famille d'origine, elle a rompu les liens de chair, liens du sang. Elle peut alors nouer des liens d'une autre nature, liens d'adoption mutuelle, et devenir pilier pour fonder une autre famille, nouvelle. En Occident, ce chemin de vie ne peut se réaliser indépendamment d'une seconde exigence, celle du respect des parents, auteurs de nos jours. Quelles que soient les blessures vécues au sein de la famille, la psychologie invite à reconnaître ses parents, sous peine d'aller vers la haine de soi, la destruction. Père et mère sont passeurs de vie, même s'ils n'ont pas été toujours à la hauteur, même ayant commis de grosses erreurs.

« Il est des gens
Qui attendent
D'être un jour
Réhabilités,
Après qu'un tribunal
À la cour
Des psychos
Les statua
Responsables
De tout mal

Groupe Eyrolles

Dans le monde :
Les parents. »[1]
ÉLISABETH LUKAS, CHANTS DU SIGNE

Respecter ses parents ne veut cependant pas dire se soumettre à leur projet, à leur désir sur nous. Il ne s'agit pas de combler leur manque, d'être leur tout, ni de leur éviter toute souffrance ou de se laisser enfermer dans un chantage affectif, ou encore de demeurer dans leur dépendance.

Il s'agit plutôt de les accepter comme ils sont, avec leur histoire, leurs blessures propres, sans les obliger à changer pour devenir ce que nous rêvons qu'ils soient. Ils ont, eux aussi, le droit de suivre leur chemin, comme nous le nôtre. Sachant les respecter, il est alors plus aisé de les quitter de façon juste.

En Asie, vénérer son père et sa mère

L'ordre familial traditionnel

« Le mérite du père est élevé
Comme la montagne Thai Son.
L'amour de la mère inépuisable
Comme l'eau qui coule de la source.
La vénération et le respect pour le père et la mère,
La perfection dans la piété filiale,
Telle est la religion de l'enfant. »
PROVERBE VIETNAMIEN

Ce proverbe qui a bercé toute mon enfance dicte le comportement des enfants envers leurs parents. Dans les familles traditionnelles vietna-

---

1. Es gibt jemanden/ Der wartet / Auf seine / Rehabilitation, / nachdem ihn / ein Tribunal / in den Gerichtshöfen / der Psychologie / für schuldig / befunden hat / an allen Problemen / der Welt : / die Eltern.

miennes, les relations entre les parents et les enfants, et divers membres de la famille, vivants ou morts, tiennent du « sacré ». En Asie, l'amour envers ses parents passe par la vénération et une reconnaissance éternelle de nous avoir fait le don de la vie.

Pour ces raisons et selon les principes confucéens, le respect des ancêtres est l'expression même de la piété filiale. Il est nécessaire à l'ordre établi par le ciel afin de maintenir l'équilibre des éléments naturels du *Yin* et du *Yang*, de l'obscurité et de la lumière. Dans chaque famille, les fils et les filles continuent à faire des offrandes devant une tablette consacrée aux ancêtres sur l'autel de la famille où sont posées les photos des défunts. Par ces rites, le confucianisme dicte ainsi les devoirs du fils envers le père, tout comme ceux du fonctionnaire vis-à-vis de son souverain, et ceux de l'élève à l'égard de son maître.

Selon Confucius, « *l'homme est ce qu'il y a de plus noble dans l'univers ; la Piété filiale est ce qu'il y a de plus grand dans les œuvres de l'homme ; respecter son père est ce qu'il y a de plus relevé dans la Piété filiale* ». C'est le *xiao*, ou piété filiale en chinois, qui symbolise la plus importante des relations sociales en Chine. Le fils est quelqu'un « *sorti de moi pour en devenir un autre* », décentrement naturel qu'il faut éduquer.

La piété filiale, ou *hiêu* en vietnamien, désigne la relation qui unit l'enfant à ses parents. À travers ce sentiment, l'enfant apprendra à adopter une certaine attitude, à éprouver certains sentiments. C'est dans le respect de ce sentiment qu'il accomplira ses devoirs. L'enfant ne dira jamais « je », il se désignera et assumera les rôles attendus de sa part. En se projetant dans la famille, il se confond avec elle et se développera à travers cette fusion.

> « *La racine de 10 000 choses c'est le Ciel, celle de l'homme c'est l'ancêtre.* »
> MENCIUS

Ici, l'accent est bien porté sur la transmission du père et de la mère aux enfants. L'interruption de cette transmission est « *le plus grand péché contre la piété filiale* ».

Groupe Eyrolles

L'image du père

« Si la famille est harmonieuse, tout sera florissant », disent les Chinois. Le père est la figure même de l'autorité et de la hiérarchie dans la famille. Si l'Empereur représente le Ciel sur terre, le père en est son représentant dans la famille. Microcosme de la société, la famille est la base sur laquelle s'organise tout le corps social, donc toute la nation, d'où l'importance pour la famille d'être harmonieuse afin d'avoir la paix dans la société.

Le devoir du père est d'éduquer les enfants en leur montrant l'exemple de la bonté, de la droiture morale, le difficile chemin menant à « l'homme de vertu ». Son autorité ne peut être remise en question, ni contredite puisqu'il est le garant des valeurs confucéennes. Il se doit de mériter le nom de père à travers ses propres actions « irréprochables ».

Dans le cinéma asiatique traditionnel, le personnage du père est représenté par un personnage taciturne et sévère, travaillant durement pour offrir le confort à sa famille. En raison des mutations que connaissent les sociétés asiatiques depuis une quinzaine d'années, la figure du père est de plus en plus absente dans les films actuels, symbolisant ainsi la perte de repères nécessaires à l'harmonie sociale.

L'amour ou l'abnégation de la mère

La mère en Asie symbolise souvent l'image du sacrifice et du dévouement envers sa famille, elle ne vit que pour son mari et ses enfants. Sa famille lui est « sacrée ». Elle y consacre tout son temps, en préparant les repas, en rendant la maison accueillante et confortable, en plus de son travail à l'extérieur, pour les mères modernes.

Certains pays, comme le Japon, l'assimilent à une divinité, Kannon, la déesse de la miséricorde, figure protectrice et salvatrice de la mère. La littérature japonaise ou chinoise relate l'abnégation de la femme devenue mère pour sauver ses enfants. Ses sacrifices n'ont pas de limites, tout comme son amour pour les siens.

Groupe Eyrolles

K. Yamamura, dans *Les Japonais et leur mère*, relate les deux facettes de la femme et de la mère. De même Chi Li, dans *Tu es une rivière*, raconte le courage de cette veuve laissée dans la Chine des années 1960 avec huit enfants à élever. Il s'agit bien de « Mère courage » ici.

L'abnégation de la mère vietnamienne est telle qu'elle préfère donner son enfant à l'adoption afin que ce dernier ait une meilleure vie que celle fragile et précaire qu'elle peut lui offrir.

La révolution du regard sur la famille en Occident

L'évolution des mentalités

Pendant de nombreuses générations, la société occidentale a fonctionné sur le modèle patriarcal. La loi du père et les valeurs masculines prédominaient. Dans le couple traditionnel, être à deux c'est ne faire qu'un, mais lequel ? Les partenaires s'unissent pour faire le couple de l'homme dans lequel il va de soi que la femme nie ses ambitions, sa créativité, pour se consacrer à son rôle de mère. Elle est désignée comme soumise à l'homme, père et chef de la famille.

Cette famille patriarcale est fondée sur un préjugé : ce que pensent et produisent les hommes est plus important que ce que font, pensent et ressentent les femmes. Insidieusement, ce modèle a lésé les hommes et les femmes pendant des siècles. En dévalorisant ce qui est féminin, sentimental, domestique, il a exclu les hommes de la possibilité d'éprouver des sentiments, et, en conséquence, de l'organisation familiale, ainsi que de l'éducation des enfants.

La famille contemporaine a beaucoup évolué en Occident. Un long processus démographique s'est développé en Europe sur environ deux siècles : augmentation notable de l'espérance de vie, nouvel équilibre entre mortalité et natalité. Les générations ne se succèdent plus, elles se chevauchent, la survie du groupe n'étant plus la priorité.

Groupe Eyrolles

Des événements clés

En Occident, 1789 a constitué un tournant historique essentiel, passage à la modernité, créant le mariage laïc qui ne sera plus jamais remis en question.

De tout temps, il s'est trouvé des femmes fortes, souvent isolées, pour remettre en question les structures patriarcales. Il faudra attendre le XXe siècle pour une déstabilisation progressive et inéluctable de ce modèle vers une société moderne où hommes et femmes sont à parité, reconnaissant leur rôle solidaire dans la famille et la société.

Quelques facteurs ont joué un rôle déterminant : les grandes guerres du XXe siècle, qui ont obligé les femmes à faire tourner les usines pendant que les hommes étaient au front, la maternité et la paternité responsables grâce à la contraception, l'arrivée massive des femmes sur le marché du travail…

Tous ces événements conjugués ont permis une évolution d'une structure de *pater familias*, avec hégémonie du père sur la famille, à une structure de partage des responsabilités, et donc des pouvoirs entre homme et femme, père et mère.

Ces changements ont été d'une rapidité étonnante, essentiellement sous l'influence de mouvements féministes actifs et organisés dans les années 1970. Existant sur le plan économique, libérée de leur dépendance financière, les femmes ont mis les structures de la famille à l'épreuve, jusqu'à l'éclatement. Le couple moderne est devenu un champ de bataille où, avant de trouver un juste équilibre, culture masculine et féminine s'opposent au quotidien.

Différences Nord/Sud en Occident : quelques chiffres

Âge du premier enfant : en France, 30 ans.

Divorces : de plus en plus fréquents (3 pour 1 000 habitants en Grande-Bretagne, 2,5 en Scandinavie, 0,5 en Italie et 0,7 en

Espagne ; entre ces deux extrêmes, 1,7 en Allemagne, 2 en France et aux Pays-Bas). En France, le nombre des divorces a quadruplé de 1960 à 1995 pour se stabiliser autour de 120 000 par an. Le couple actuel a une chance sur deux de divorcer.

Famille monoparentale : pourcentage d'enfants mineurs vivant dans une famille monoparentale : entre 15 et 17 % au Royaume-Uni et au Danemark, 15 % en France et en Allemagne, de 5 à 6 % en Italie et en Espagne.

Famille recomposée : les remariages étaient plus fréquents dans les années soixante qu'aujourd'hui, les divorcés hésitant à se lancer dans une nouvelle aventure maritale après un échec. C'est au Royaume-Uni et au Danemark que l'on se remarie le plus, où un quart des mariages sont des remariages. Quand on ne se remarie pas, on peut cohabiter de nouveau avec les enfants de chaque parent.

Les conséquences sur le lien social

La grande mutation des mœurs familiales en Occident s'est opérée avec une désaffection grandissante de l'institution matrimoniale et la naissance de l'union libre. La famille cesse d'être la condition nécessaire de la survie et de l'identité du groupe. Auparavant, l'identité de chacun se trouvait réduite à son statut social ; désormais, c'est le bonheur de l'individu qui est prioritaire, la famille étant le lieu présumé du bonheur, créant une inflation des attentes, modifiant radicalement les relations entre conjoints et entre parents et enfants.

Il existe peu d'enquêtes comparatives sur les familles recomposées au niveau européen. Dans son ouvrage sur l'Europe, Henri Mendras aborde ce sujet et soulève un problème : « *Notre système juridique d'origine romaine assurait un père, un nom, un lignage à chaque enfant en affirmant que le père est le mari de la mère [...]. Aujourd'hui que le géniteur peut ne pas être le mari de la mère, le "père nourricier" (le beau-père) remplace le père géniteur et il s'ensuit un conflit de légitimité.* » Quelles pourraient être les conséquences de la généralisation de ce type de famille, pour le sociologue ? Les pays européens se rapprocheraient du modèle de filiation anglais « *en donnant plus d'importance à l'individu, dont les intérêts et les choix se feront plus librement et oblitéreront les liens de parenté* ».

Le couple reste le modèle de la vie privée, mais sa vie s'organise différemment. La nuptialité s'effondre, le couple informel se prolonge souvent et n'aboutit au mariage que secondairement. Le concubinage hétérosexuel devient un fait de société incontournable : 2,4 millions de couples de concubins en 1998, couples de jeunes qui construisent des unions stables et fécondes. Beaucoup d'enfants naissent hors mariage, environ un tiers des naissances. Les réformes alignent le statut des enfants naturels sur celui des enfants légitimes. La famille naturelle devient une famille à part entière.

Le changement de structure familiale a eu une forte incidence sur la stabilité des mariages. Les unions sont devenues beaucoup moins stables. À partir de 1970, la France par exemple assiste à une montée en flèche du nombre des divorces. En quinze ans, leur nombre a doublé. À noter que cette même année, dans la loi, la « puissance paternelle » est remplacée par « l'autorité parentale » ; la corrélation statistique est forte aussi entre accroissement des divorces et diffusion de la pilule contraceptive. En 2001, le taux global du divorce atteint 45 % en France (il était de 30 % vers 1985, 10 % vers 1970, 5 % en 1914). Trois fois sur quatre, ce sont les femmes qui demandent le divorce. Seraient-elles, comme se plaît à dire le sociologue Edgar Morin, « *les agents secrets de la modernité* » ?

L'évolution de la famille en Asie

L'influence de la société de consommation

En Chine comme ailleurs en Asie, la famille subit de plein fouet les effets de la mondialisation et de l'ouverture vers l'économie de marché.

Avec l'urbanisation croissante et indispensable dans cette perspective économique, il est à craindre que la transversalité des valeurs ne puisse que s'accroître.

Pour ne citer que deux exemples, l'impact du Coca-cola et du Mac Donald en Chine représente parfaitement un début d'acculturation aux habitudes occidentales. Le libéralisme économique, accepté en Chine depuis 1979, dans le cadre d'un régime politique communiste, ne peut se concevoir ni se développer sans modification des valeurs traditionnelles.

Jusqu'où la société chinoise pourra-t-elle concilier un comportement inspiré par les désirs de la consommation et des besoins individualistes dans le cadre économique, d'une part, et par les valeurs collectives et communautaires dans les autres sphères de la vie sociale, d'autre part ?

Quatre générations sous le même toit, ce fut longtemps le symbole du bonheur en Chine. Maintenant, l'urbanisation, la consommation galopante des biens et le développement économique obligent à voir les choses autrement.

L'émancipation des valeurs traditionnelles

Tôt ou tard, comme cela s'est produit ailleurs dans le monde, en Europe et en Asie, la famille chinoise sera de plus en plus soumise à la remise en cause de l'autorité traditionnelle gérontocratique, sous la pression de différentes valeurs venant d'ailleurs. Les valeurs ancestrales centrées sur le groupe semblent s'orienter vers des modes de vie plus centrés sur les besoins et les satisfactions individuels.

Le rôle de la femme dans l'activité économique risque de bouleverser le rôle qu'elle tenait jusqu'à présent dans la famille. L'espace vital très limité dans les appartements des villes (moins de 10 m² par personne) imposera aux familles, comme au Japon, de se séparer des parents vieillissants.

Il faut également signaler que la facilité du gain pousse des jeunes à des comportements de délinquance qui risquent également de se développer avec la déstructuration de la famille, comme des valeurs essentielles de la civilisation asiatique du confucianisme.

La rupture villes/campagnes est en train de s'accomplir en Chine actuellement, avec des conséquences incalculables et imprévisibles sur les plans à la fois économiques et sociaux. La mondialisation accroît les équilibres précaires entre villes et campagnes. Les premières ne cessent de s'enrichir et de profiter des apports technologiques et culturels de l'Occident. Les secondes sont à la remorque de ce que les autorités acceptent de leur concéder pour relativement égaliser les situations socio-économiques. Mais la pression des masses paysannes se fait de plus en plus forte, et le risque de soulèvement spontané, lié à un certain esprit de la sagesse chinoise qui connaît le sens de la révolte légitime, ne doit pas être négligé.

La nostalgie de la vision confucéenne

Des philosophes néo-confucéens contemporains, face aux crises de la société devant la modernité, tentent de faire renaître les valeurs traditionnelles de la famille et du travail. Pour illustrer leur recherche, ils s'appuient sur les exemples de réussite économique des sociétés influencées par les principes confucéens que sont Hongkong, Singapour, Taiwan et la Corée du Sud.

Il ne faut pas que les Chinois soient obsédés par la richesse matérielle et s'adonnent à l'égoïsme et à l'individualisme des sociétés occidentales. C'est dans la tradition chinoise que ces philosophes vont puiser pour proposer des remèdes aux maux de la société actuelle.

Pour comprendre les liens de famille en Asie à travers les appellations

Les Chinois, tout comme les Vietnamiens, ont adopté un système d'appellations au sein d'une famille pour permettre à chacun de trouver sa place.

- Le côté paternel est le côté « intérieur » : le père est le garant des valeurs familiales, il transmet le patronyme.

- Le côté maternel est le côté « extérieur » : la mère vient de l'extérieur, tout comme la fille va à l'extérieur en quittant sa famille pour se marier.
- Les termes sont spécifiquement choisis pour situer la personne dans la famille, en fonction des éléments suivants : la génération, l'âge, le genre, le genre de la personne par laquelle elle est apparentée, le lien de parenté par le sang ou par l'alliance.

Exemples utilisés en chinois pour les membres de la première génération ascendante :

- *Fu* signifie père et *mu* signifie mère ;
- *Gufu* signifie sœur du père ;
- *Bofu* est utilisé pour le frère plus âgé que le père ;
- *Shufu*, pour le frère plus jeune que le père ;
- *Biaoshu*, pour le cousin du père apparenté par sa mère et plus jeune que le père.

Tout est question de relation d'un membre à un autre en fonction du rang de chacun dans la famille et de son appartenance, soit par le père ou la mère, soit par le sang ou le mariage.

Avez-vous pensé au coaching de vie ?

Vous êtes célibataire, pour :

- trouver l'âme sœur ;
- tirer les enseignements des expériences passées ;
- reconnaître vos bonheurs, accepter vos erreurs ;
- admettre votre part de responsabilité ;
- gérer vos émotions et vos croyances ;
- développer votre confiance en soi.

Si vous êtes au clair avec vous-même, vous rayonnerez et attirerez les bonnes personnes.

Votre couple traverse une crise, pour :

- la transformer en opportunité ;
- prendre conscience des besoins de chacun, les exprimer ;
- apprendre à accepter l'autre inconditionnellement ;

- rechercher l'harmonie sur le long terme ;
- comprendre les différences.

Pour toujours plus d'amour, de tendresse, de compréhension, d'écoute.

Vous vous heurtez avec vos enfants, le courant ne passe plus en famille, pour :

- individuellement ou ensemble, exprimer les besoins et les limites de chacun dans la famille ;
- communiquer plus efficacement ;
- vous épanouir dans et avec l'« équipe familiale ».

Pour éviter le stress, les déséquilibres, accompagner les enfants vers la réussite tout en préservant le couple.

Vos adolescents sont en souffrance… Démotivation pour les études ? Difficulté d'orientation ? Rejet de l'autorité ? Pour :

- aider l'adolescent à prendre conscience de ses talents ;
- lui permettre de comprendre la notion de choix et son droit à l'erreur ;
- lui apprendre à s'exprimer avec justesse ;
- bâtir avec lui un projet motivant, tout en renforçant sa capacité d'autonomie.

Mots clés

En Occident _____   _____ **En Asie**

En Occident	En Asie
Vie commune	Devoir
Amour	Obligation
Père, mère	Respect
Filiation	Cohésion
Enfant	Rôle social
Naissance	Harmonie
Croissance	Éducation
Cellule sociale	Principe confucéen

L'enfant

« Lorsque l'enfant paraît, le cercle de famille applaudit à grands cris. »
VICTOR HUGO

À Pékin

Pékin, au petit déjeuner… Leslie et Arnaud commentent le programme de leur visite à la Cité interdite. La jeune femme sursaute. Elle vient de recevoir quelque chose sur ses genoux, une petite balle en mousse. Elle regarde autour d'elle et aperçoit un petit garçon qui gesticule dans les bras de sa mère. Elle observe la scène et devine.

L'enfant a jeté sa balle car il ne veut pas manger son potage. Il hurle pour échapper à sa mère. Une fois à terre, il la secoue en continuant à crier. Elle cède, se lève pour aller chercher la balle quand Leslie l'interpelle : « Tai-tai ! » Elle lui montre le jouet. La jeune Chinoise, gênée, lance un « sorry » d'excuse en s'inclinant.

De retour de la Cité interdite, notre couple se retrouve à l'hôtel, éreinté par la marche à pied et les interminables explications sur les pavillons. Ils s'assoient un moment dans le lobby pour prendre un verre. Soudain, une violente altercation capte leur attention. Un homme d'affaires vient de recevoir des éclaboussures de jus d'orange sur son complet très chic.

Groupe Eyrolles

Bousculé par l'enfant, le serveur a lâché son plateau. Le ton monte, attirant les regards des clients étonnés. Désemparée, la mère rattrape le petit garçon caché derrière une plante. Fier de son exploit, il rit insolemment. Elle le traîne par le bras pour qu'il demande pardon et se confond elle-même en excuses. L'homme d'affaires continuant à réprimander son fils, elle change de ton et commence à houspiller tout le monde.

L'homme au complet chic s'éloigne en maugréant, le serveur s'affaire à nettoyer, l'enfant éberlué regarde sa mère. Elle s'assied à la table voisine de celle de Leslie et Arnaud et les salue d'un signe de tête : « Sorry… this morning… my son naughty… » *Après quelques instants d'hésitation, elle ajoute :* « a boy, very difficult » *et continue à parler en chinois à Leslie désarmée.*

Témoin de la scène, une lady d'origine chinoise se permet d'intervenir et traduit. « Elle vous explique qu'elle aurait préféré une fille. C'est son mari qui voulait un garçon et lui passe tous ses caprices. Elle n'y arrive plus. »

Leslie rassure la jeune mère en lui disant que tous les enfants sont pareils à cet âge et qu'ils ont besoin de s'opposer aux parents. Soulagée, la maman lui sourit longuement avant de partir.

« Vous savez, *enchaîne la dame,* avec la politique de l'enfant unique, les enfants sont trop gâtés. On leur cède tout au moindre caprice. Ils deviennent insupportables. » *Curieuse, Leslie pose des questions. Pourquoi cette politique, quelles conséquences pour les familles, mais un enfant unique n'est pas forcément un enfant roi… Et cette préférence pour les garçons…*

Elle se laisse instruire par cette femme cultivée, dont elle devine les origines sociales. Cinquième d'une riche famille de Shanghai, elle s'est expatriée en Suisse. Son éducation, stricte et classique, explique son désaccord avec l'attitude de la mère. Elle regrette les valeurs traditionnelles : obéissance, devoir, vertu.

Leslie s'étonne. Mais l'enfant unique est une situation propre à la Chine ; dans le reste de l'Asie, n'a-t-on pas conservé les exigences de la famille nombreuse ?

Arnaud s'est gardé d'intervenir jusqu'à présent, cette conversation de salon l'agace. Discrètement, il fait signe à son amie d'arrêter et l'invite à partir.

Le soir en descendant pour le dîner, notre couple recroise la maman chinoise et son fils, accompagnés du père. L'enfant est plus calme. Sous le regard amusé de son père, il fait tourner une voiture de pompier télécommandée, encore un jouet de son père !

La transmission de la vie en Occident

Une motivation naturelle

La transmission de la vie est un thème sensible. Politique d'abord, il s'agit de reproduire, perpétuer le groupe social, de continuer la vie, de transmettre le patrimoine biologique, culturel, matériel, symbolique. Favoriser les naissances, c'est donner à une société une chance d'être pérenne, jeune, vivante, en constante évolution dans un monde qui bouge en permanence.

Personnel, ensuite, car la naissance des enfants est le fruit et le signe naturel de l'amour qui circule dans le couple. Cette fécondité naturelle n'est évidemment pas la seule. Elle s'élargit et s'enrichit de tous les fruits de vie autres que peut générer un couple : transmission intellectuelle, œuvre sociale, vitalité professionnelle.

C'est un thème existentiel également. Au-delà de la naissance d'un enfant, tout homme n'aspire-t-il pas profondément à promouvoir la vie autour de lui. L'enfantement charnel n'est qu'un versant de cette aspiration. En fonction de leurs talents conjugués avec leur désir profond, l'homme et la femme participent à la croissance du monde. Intellectuels, manuels, jeunes, vieux, Occidentaux, Orientaux, Asiatiques, tous sont invités à laisser une trace d'humanité dans ce monde. La fécondité, visible ou invisible, de chaque être humain est bien réelle cependant, car il est cet être unique et singulier, ce mystère irremplaçable. La vie a quelque chose de « sacré », en Occident.

Pour donner la vie, il faut d'abord l'accueillir, la regarder avec confiance, la célébrer même. Transmettre, c'est premièrement écouter ce que la vie nous dit. Car la vie est parole, à travers notre histoire, nos parents, notre éducation, nos rencontres, notre quotidien. La vie appelle, elle est un chant qui invite à donner une réponse. Pour transmettre la vie, il est essentiel de connaître la personne que je suis, celle que je veux être et la réponse que j'ai envie de donner pour contribuer à l'embellissement du monde.

Les obstacles à la transmission de la vie sont nombreux. Les problèmes de stérilité vont s'accroissant. Est-ce dû à la contraception, à l'âge tardif des premières grossesses, au stress de la vie urbaine ou du travail ? L'arrivée prématurée ou inopinée d'enfants était autrefois redoutée. Désormais, la naissance de ces bambins est hautement planifiée pour permettre aux parents de sauvegarder leur équilibre de couple et leur vie professionnelle. Le problème, c'est que la vie ne se décrète pas. Parfois et même de plus en plus souvent, les enfants tardent à venir ou n'arrivent pas.

À propos des PMA ?

En France, le recours à la procréation médicalement assistée concerne 1 % seulement des naissances. La fécondation in vitro est possible dans près de 80 centres habilités. Pourtant, les questions qu'elle pose sur la transmission de la vie interrogent toute la société. Lorsque l'un des membres du couple ne peut pas fournir de gamètes, le recours à un tiers donneur est indispensable. Le don porte sur le sperme, les ovocytes ou les embryons congelés. Il s'agit alors d'une adoption prénatale, puisque l'enfant issu de cette grossesse a deux parents génétiquement différents du couple qui l'a désiré et accueilli. Ces situations bouleversent les parents : « Suis-je le père, suis-je la mère si ce n'est pas mon sperme, mes ovocytes ? Ai-je transgressé un interdit en procréant alors que la nature m'en empêchait ? Comment vais-je parler à mon enfant de sa généalogie ? »

Les avortements sont également un facteur non négligeable de rupture dans la transmission de la vie. En France, le texte de la loi de 1975 commençait par l'article suivant : « *La loi garantit le respect de tout être humain dès le commencement de la vie. Il ne saurait être porté atteinte à ce principe qu'en cas de nécessité et selon les conditions définies par la présente loi.* » En 30 ans, la conception même de l'avortement a beaucoup évolué. La loi le positionnait comme un recours ultime toléré en cas de nécessité. Désormais, il est considéré, dans une partie de l'opinion, comme un droit. Ce que ne dit pas la loi.

Sans parti pris idéologique, l'avortement est un sérieux dilemme sur le plan éthique. Interrompre volontairement une grossesse, c'est empêcher la vie de se transmettre. On peut comprendre toutes les raisons qui ont conduit les pays d'Occident à légaliser l'avortement. Nul ne peut nier que l'acte en lui-même n'est pas banal. D'après le témoignage aussi bien des femmes qui ont avorté que des écoutants et des soignants, il est entouré de beaucoup de souffrances.

Sur le simple plan du renouvellement des générations, ces divers obstacles à la transmission de la vie ont des conséquences qui font réfléchir. Les nations occidentales ont souvent des taux de fécondité inférieurs à 2, le taux nécessaire pour assurer le renouvellement des générations étant de 2,08. Hors immigration, la transmission de la vie est donc tout juste assurée. Le nombre des femmes en âge de procréer va continuer de diminuer. Les causes de la baisse du nombre d'enfants ne vont pas s'estomper non plus : instabilité croissante des vies conjugales, difficultés des couples à se projeter dans l'avenir, coût des enfants et incertitudes sur les revenus ; travail et désir d'indépendance des femmes, volonté de vivre une vie individuelle riche, refus des contraintes.

Les nations occidentales vieillissent considérablement. Par exemple, en France, les moins de 15 ans ne représentent plus que 18 % de la population globale contre 26 % en 1960. Comparez à ce chiffre impressionnant au Vietnam : 50 % de la population a moins de 25 ans !

D'autres formes d'obstacles, moins visibles, plus insidieux, diminuent beaucoup l'élan vital des pays occidentaux. Ils sont plus difficiles à chiffrer mais il n'en demeure pas moins une préoccupation majeure des politiques sociales des gouvernements. Manque d'initiative économique, désaffection de la sphère politique, repli sur soi du monde agricole, délinquance des jeunes, désengagement des cadres d'entreprise.

L'attachement maternel à l'enfant

Au-delà des contingences de la vie familiale, le don de la vie a toujours été, dans l'inconscient des peuples, un cadeau merveilleux. Ainsi est-ce le cas en Occident. Quand une femme est enceinte, c'est une histoire d'amour qui commence entre elle et son bébé. Les neuf mois de gestation sont essentiels pour aider la femme à devenir mère, pas à pas.

La future mère va d'abord vivre un profond retour sur soi, elle s'observe, elle écoute l'enfant. Il devient une présence de chaque instant, mobilisant une partie importante de son énergie et de son attention. Ses propres souvenirs d'enfance sont réactivés, l'amour qu'elle portait enfant à sa mère influençant l'amour qu'elle-même porte à son bébé.

À l'accouchement, lorsque l'enfant paraît, il y a rencontre, ce moment instantané où la femme passe du bébé rêvé au bébé réel. Si les deux images se superposent, la relation affective a toutes les chances de s'installer harmonieusement. La mère apprivoise progressivement l'enfant, interprétant le moindre de ses gestes et cris pour y donner une réponse adaptée. Petit à petit, le lien se tisse.

> *« Lorsque l'enfant paraît, le cercle de famille*
> *Applaudit à grands cris ; son doux regard qui brille*
> *Fait briller tous les yeux,*
> *Et les plus tristes fronts, les plus souillés peut-être,*
> *Se dérident soudain à voir l'enfant paraître,*
> *Innocent et joyeux. »*
> VICTOR HUGO

La présentation de l'enfant au groupe familial est aussi un temps fort de la création du lien de la mère avec son enfant. Chacun cherche à qui le nouveau-né ressemble. A-t-il les yeux de sa mère, le nez de son père, la bouche de sa grand-mère ? Ces échanges contribuent grandement à faire passer les parents de l'image de l'enfant imaginaire à l'enfant réel. Toutes ces paroles bienveillantes sur le bébé aident les parents à mieux connaître ce petit « étranger » qui leur est confié par la vie.

L'amour maternel peut mettre un peu de temps à s'installer, à trouver son expression. C'est dans le quotidien, biberons, soins, bercements, que la mère se laisse conquérir par cet être vulnérable qui fait tout ce qu'il peut pour être aimé. Parfois, l'instinct maternel a du mal à se mettre en place. L'accouchement peut être vécu comme une rupture, une souffrance même, parfois difficile à pardonner au nouveau-né. La différence entre le bébé réel et le fantasme de la mère peut aussi rendre l'attachement moins spontané. Certaines mères sont déçues, même si elles ne l'avouent pas toujours.

Le sentiment paternel

Et le père dans toute cette histoire ? Il a sans doute plus de mal à trouver sa place. La mère a la chance d'appuyer son imaginaire sur des changements physiques et psychologiques. Le père, non, il doit se débrouiller tout seul. Comme celui de mère, le rôle du père s'apprend, si la mère veut bien lui donner une place. Autrefois, les pères laissaient naturellement aux mères les soins des tout-petits. Ils étaient souvent cantonnés dans le rôle du père nourricier ou de l'autorité.

Aujourd'hui, en Occident, les nouveaux pères revendiquent leur place dès les premiers instants de la vie du nourrisson. Ils veulent partager toutes les tâches au service de l'enfant, du biberon au change en passant par les câlins et les jeux. Pour avoir passé 3 mois au Vietnam Nord, je me souviens du regard étonné des Vietnamiens devant les soins que les papas adoptifs pouvaient prodiguer à leur bébé.

Certains pères modernes vont même jusqu'à ressentir une certaine concurrence avec la mère, ils souffrent alors du syndrome que les psychiatres appellent du doux nom de « père-mère », les inscrivant dans une véritable compétition à l'égard de la mère. Ce faisant, il enlève à l'enfant un peu de la douce harmonie qui se nomme complémentarité.

D'autant que certaines observations faites aux États-Unis concluent que les rôles du père et de la mère auprès de l'enfant sont différents. Le rôle du père est d'atténuer l'intensité de la relation mère/enfant. À l'écoute de la voix paternelle, le bébé voûte les épaules, hausse les sourcils, entrouvre sa bouche, ses yeux s'illuminent, il est prêt à jouer. D'instinct aussi, les pères ne se comportent pas de la même façon avec leur bébé, fille ou garçon. Ils protègent les premières, instaurent une relation plus physique avec les seconds. La nature est bien faite, laissons-la s'exprimer.

Grandir dans le désir de ses parents

La science a introduit des techniques jusque-là impensables : fécondation *in vitro*, mère porteuse, banque du sperme… Ces techniques donnent à de nombreux couples stériles la joie d'avoir des enfants pour le plus grand bonheur de tous.

Cependant, la place de l'enfant dans le couple peut s'en ressentir s'il n'y prend pas garde. Le bébé n'est plus ce don gratuit de la vie, ce cadeau plus ou moins attendu, cet invité pas toujours désiré mais accueilli. Il risque de devenir l'objet du désir de ses parents qui programment sa venue, souhaitant trouver le moment le plus opportun pour qu'il s'insère dans la vie du couple de façon planifiée et harmonieuse :

Groupe Eyrolles

respect de la maturité de l'homme et de la femme, conjugaison avec la vie professionnelle de chacun, aisance matérielle nécessaire pour donner à l'enfant tout ce dont il a besoin pour devenir adulte et équilibré.

Grandir dans le désir de ses parents n'est pas toujours une garantie pour découvrir sa propre identité. Un enfant à tout prix peut finir par distordre la relation d'attachement, créant des attentes démesurées du côté des parents, attentes qui pourront peser lourdement sur les épaules du petit d'homme.

La continuité du cycle de vie en Asie

La filiation ou l'harmonie du couple

La naissance en Asie est toujours un heureux événement : le nouveau-né symbolise avant tout l'harmonie du couple béni du génie des foyers. Ce n'est pas tant la résultante de l'amour du couple, mais la continuité du cycle de vie. Selon les croyances asiatiques, basées sur le bouddhisme et la réincarnation, chaque naissance remplace dans le cycle infini du temps chaque départ dans l'autre monde.

C'est la raison pour laquelle les nouveau-nés portent dès les premiers jours un fil rouge tressé au poignet, représentant à la fois la filiation et la transmission de la vie à travers le temps. Ce fil rouge symbolise la fusion de l'esprit et du corps en une seule entité, l'esprit étant la réincarnation d'une vie passée, le corps prenant forme dans le ventre maternel.

En raison de ces mois de gestation, le bébé à sa naissance est considéré comme déjà âgé d'un an. Il ne faut pas oublier que dans la religion bouddhique, le bon ou mauvais *karma* se reflétera dans le corps et l'esprit du nourrisson, grâce aux bienfaits ou à cause des méfaits des générations précédentes.

La reconnaissance de cette future transmission de la vie commence dès la conception du bébé dans le ventre de la mère. Dans leur imaginaire,

Groupe Eyrolles

les parents acceptent l'existence du futur bébé ; la fantasmant, dès lors, la viabilité du petit être est reconnue.

Pratiques ancestrales à la naissance du nouveau-né au Vietnam

Dès les premiers jours, le visage du nouveau-né est lissé avec des mouvements de caresse, de même que le corps tout entier est massé avec des « gestes de striction », comme pour bien affermir les muscles et les coller aux os. Ces gestes créent déjà entre le bébé et sa mère une certaine sensualité primitive. À la symbiose créée par le toucher, s'ajoute un geste, unique au Vietnam, qui est de « renifler » l'odeur de l'autre, enfant ou adulte. C'est l'équivalent du baiser par le nez et non avec les lèvres comme en Occident. En donnant un baiser, on « reconnaît » l'odeur de l'autre soi-même, ce qui est d'autant plus fort chez le bébé qui reconnaît l'odeur de sa mère.

Afin d'offrir au nouveau-né toutes les chances de réussite dans la vie, une autre tradition est pratiquée pour dessiner la beauté du caractère de l'enfant : dès les premiers moments de la naissance, la mère (ou parfois la grand-mère) trace avec la queue d'une feuille de bétel la ligne des sourcils.

Elle veut ainsi dessiner la beauté future du visage, la feuille de bétel ayant symboliquement la forme de la feuille de l'arbre *bodhi* au pied duquel Bouddha prêcha l'Éveil.

La transmission d'un projet de vie

Cette transmission du projet de vie s'affirme dans l'identité symbolique donnée à l'enfant dès sa naissance suivant son rang de naissance : il reçoit d'abord un numéro avant d'avoir un nom. Cette tradition s'applique dans les pays sinisés où l'influence confucéenne est forte. Le premier enfant est appelé numéro deux, et ainsi de suite. L'enfant numéro un n'existe pas, afin peut-être d'éviter qu'il soit « enlevé » par des génies maléfiques ?

Le système du numéro donné à chaque enfant, utilisé uniquement dans l'intimité familiale, confirme la place de chacun dans la famille et le rôle que les aînés doivent remplir auprès des cadets. L'enfant apprend ainsi dès son plus jeune âge le sens de la hiérarchie à respecter et des responsabilités à remplir.

En plus du numéro, au Vietnam par exemple, les nouveau-nés reçoivent deux prénoms, l'un privé, utilisé seulement au sein de la famille, souvent un qualificatif caractérisant l'enfant au moment de la naissance ; l'autre public, servant à l'inscription auprès de l'administration et de l'école. Ce dernier est choisi en référence souvent aux éléments de la nature (pour une fille) ou aux vertus (pour un garçon). Ces deux prénoms apposés après le nom de famille qui s'énonce en premier marquent l'appartenance de l'enfant au groupe familial. Il faut ajouter que parfois, consciemment et par mesure de protection, les parents choisissent un prénom à l'usage familial peu élégant afin d'éloigner la jalousie des génies qui pourraient lui faire du mal ou, pire, le leur enlever.

Cette double qualification permet très tôt à l'enfant de repérer l'espace privé et l'espace public. Le choix des noms donnés à l'enfant symbolise déjà la projection de ses parents sur la place qu'ils voudront le voir occuper ultérieurement dans la société. Son comportement traduit alors le rôle qu'il joue et aura à jouer au sein de la famille et à l'extérieur. De ce fait, la distance avec le monde extérieur qui pourrait lui être hostile est clairement mise.

Pour ces raisons, mettre le ou les prénoms avant le nom de famille à la manière occidentale impose d'inverser les rapports à la fois individuels et familiaux. Ce qui pourrait perturber un équilibre établi. Le garçon ou la fille est d'abord enfant de monsieur et madame « un tel », appartient à telle ou telle famille : il ou elle n'a pas d'existence individuelle.

Les traditions culturelles énoncent ainsi très tôt le rôle de l'enfant dans la famille, puis de l'adulte qu'il deviendra dans la communauté.

Avec les mouvements de migration en France, les enfants asiatiques voient cette double appellation appliquée d'une façon différente : les parents mettent en premier un prénom français et en second, un prénom vietnamien. Le prénom français sert à l'école et le prénom vietnamien à la maison. Cette complémentarité installe déjà une forme de bilinguisme et traduit les premiers pas d'une intégration acceptée.

Aînés, cadets ou benjamins en Occident

La meilleure place dans la famille ?

Dans l'Occident traditionnel, existait le droit d'aînesse. Le fils aîné était l'héritier désigné du patrimoine. Les cadets avaient le choix entre l'armée, l'Église ou l'exploration du monde. Les familles étaient souvent nombreuses, les aînés se substituaient parfois à leurs parents pour les aider.

Aujourd'hui, les mentalités ont totalement changé. Les rangs dans la famille n'ont plus beaucoup d'importance aux yeux des parents. Chaque enfant est une perle unique, un être précieux et irremplaçable. Avec l'avènement des méthodes contraceptives, les familles nombreuses sont devenues très minoritaires.

Dans les petites fratries de deux ou trois, les frères et sœurs sont avant tout des rivaux. Le rang dans la famille compte beaucoup moins que les relations conscientes et inconscientes tissées entre parents et enfants. Les cadets pensent souvent que la place d'aîné est plus facile. Comme ils sont plus âgés, ils bénéficient de privilèges, par exemple le droit de se coucher tard ou de sortir seuls. L'aîné, lui, vit souvent son rang comme une contrainte, il a dû supporter ses cadets qui ont bouleversé sa vie.

Groupe Eyrolles

En fait, aucune place dans la famille n'est plus propice qu'une autre pour construire sa personnalité. Chacune a des privilèges et des inconvénients spécifiques. Déterminismes ou conditionnements ? Selon certaines écoles de sociobiologie, nos comportements seraient souvent empruntés à ceux de notre petite enfance au sein de la famille. Elle est le creuset où notre personnalité s'est bâtie.

Le profil de la personnalité

Les aînés vont avoir tendance à mener, se comportant comme ils l'ont toujours fait avec leurs cadets. Ils veulent conserver leur privilège du premier, leurs acquis, et ils luttent pour survivre. Ils deviennent facilement défenseurs de l'ordre établi et ennemis acharné du changement. Installés de bonne heure comme gardiens de la fratrie, ils peuvent aussi se couper prématurément de leur enfance et se croire plus responsables qu'ils ne le sont.

Cette première place peut les empêcher de mûrir à leur rythme, de se connecter à leurs besoins, de reconnaître leurs désirs. Dans leur imaginaire, tout se passe comme si quelqu'un allait les déposséder de leurs avantages. Leur problème, c'est de ne pas avoir d'aîné, de manquer d'un modèle de la même génération. Dans les fratries de deux, fréquentes aujourd'hui, les rivalités sont plus particulièrement intenses.

Les cadets, eux, ont lutté pour conquérir leur place. Ils ont l'esprit naturellement ouvert et adhèrent avec enthousiasme aux idées nouvelles. Les cadets, quand ils ne sont pas benjamins, sont tiraillés entre les plus grands et les plus petits. Les enfants du milieu se plaignent généralement de difficultés à trouver leur place. Cette situation est inconfortable, elle les prépare souvent à devenir des adultes conciliants qui ne craignent pas le compromis.

Les benjamins, eux, deuxièmes, cinquièmes ou dixièmes, bénéficient d'une voie libre. Affirmer leur personnalité semble plus facile pour les derniers de famille. Or ce n'est pas forcément le cas. Certes, ils profitent de leur dernière place. Leurs aînés se sont battus, ils récoltent les fruits. Mais ils risquent souvent d'être rivés à une place infantilisante. S'ils sont ardemment désirés, ils devront combler les attentes parentales et seront tentés d'enfouir les leurs. Si la concurrence est intense dans la famille, ils pourront connaître une situation d'isolement et de haine, mettant en péril leurs capacités d'insertion. Surprotégés, ils peuvent devenir phobiques, anxieux, mal à l'aise en société.

L'inévitable jalousie

La jalousie entre enfants est un sentiment parfaitement naturel. Quand elle prend dans une famille une connotation péjorative, c'est du fait des parents. Idéalisant leur famille, ils ne se rendent pas compte que ce qui la fonde, ce sont justement les différences entre les enfants.

L'arrivée d'un petit frère ou d'une petite sœur crée immanquablement un bouleversement chez les aînés, mélange de joie et de peur de ne plus être aimé. Les enfants passent leur temps à disséquer les différences d'amour, aussi ne peuvent-ils pas comprendre qu'ils seront aimés comme avant quand un autre arrive. Leur angoisse se traduit généralement par de l'agressivité. Tant mieux, car plus l'agressivité se manifeste tôt, moins elle s'affirmera plus tard.

À ce moment précis, les enfants ont essentiellement besoin d'être rassurés, d'être pris en charge psychologiquement. Il est essentiel alors d'utiliser les souvenirs heureux de leur histoire dans la famille. Leurs propres photos quand ils étaient bébés les aident à percevoir que le temps passé avec leurs parents est à eux, définitivement. Cette affirmation du passé les aide souvent à supporter l'arrivée de cet intrus dont ils sont naturellement jaloux.

Toute initiative est bonne qui leur permet d'intégrer la réalité de l'amour d'un père et d'une mère. Il est immense et peut se partager à plusieurs enfants à la fois, sans perdre de son intensité pour chacun. Ne pas laisser les enfants culpabiliser sur leur sentiment de jalousie est aussi un comportement intelligent. Ils ont déjà perdu une partie de leur

Groupe Eyrolles

confiance en eux, n'en rajoutez pas. Au contraire, multipliez les attentions, ménagez du temps pour eux, passez autant de temps avec eux que vous le faisiez avant.

Le rôle de l'enfant dans la famille asiatique

Naître le premier, c'est être responsable. Après avoir indiqué la double dénomination donnée par les parents aux enfants en Asie, il faut ajouter un autre élément : le rang de naissance de l'enfant dans la fratrie. Ce système situe clairement ainsi la place et le rôle de chacun dans la famille : du fait de son rang de naissance, l'aîné a une lourde responsabilité, il sert de modèle et, symboliquement, il peut remplacer les parents en leur absence ou à leur disparition. Ce système hiérarchise également l'autorité des aînés sur les cadets qui leur doivent respect et obéissance.

Fille ou garçon

De façon traditionnelle, dans la plupart des pays asiatiques, la naissance d'une fille est considérée comme une infortune par les familles. Comme le veulent les traditions ancestrales, c'est par le garçon que se transmet le patrimoine de la famille. C'est lui, aîné ou cadet, aussi, qui restera, même après son mariage, auprès de ses parents et s'occupera d'eux à leur vieillesse. C'est du devoir des garçons d'honorer les parents à leur mort, suivant le principe du culte des ancêtres.

Le culte des ancêtres est un ensemble de rites que le fils aîné ou cadet doit pratiquer à la mort d'un de ses parents. Il symbolise la continuité des générations et traduit un sentiment fortement enraciné dans les valeurs familiales qui est la piété filiale. Après la mort, l'âme se sépare du corps et nécessite des cérémonies et prières des vivants, afin de passer harmonieusement les différentes étapes des transmigrations. Pour cette raison, dans toutes les maisons chinoises, japonaises et vietnamiennes, il y a un autel pour honorer les ancêtres.

Groupe Eyrolles

Piété filiale

Le caractère ancien qui représente cette notion est très explicite : 孝 [ch. xiào].

Sa décomposition montre un vieillard 老 [ch. lao] qui s'appuie sur un enfant 子 [ch. zi].

Quant à la fille, elle est appelée à se marier un jour, donc à quitter les siens. De ce fait, elle a toujours été perçue davantage comme une charge, puisqu'elle s'en va vivre ailleurs, dans sa belle-famille. Dès lors, on comprend l'ampleur des infanticides visant essentiellement les filles en Chine. En effet, la politique chinoise de « l'enfant unique », en vigueur depuis les années 1980, a certes eu le mérite de freiner la démographie galopante, mais elle n'a pas favorisé la question de la naissance des filles : « Puisqu'il ne faut avoir qu'un seul enfant, alors ce sera forcément un garçon. » Tel est le raisonnent de millions de parents.

Aujourd'hui, grâce aux progrès de la médecine et en utilisant de plus en plus l'échographie prénatale, un accroissement des interruptions volontaires de grossesse en Chine est à signaler lorsqu'il s'agit d'un fœtus féminin. Les conséquences sont définitivement alarmantes, le déséquilibre démographique filles/garçons se confirme de plus en plus. Aujourd'hui on compte 117 naissances masculines en moyenne pour 100 naissances féminines, alors qu'au niveau mondial, 105 garçons naissent en moyenne, pour 100 filles. Si ce phénomène désastreux persiste, un grand nombre d'hommes ne trouveront jamais de femme pour fonder un foyer dans les prochaines années. Ce problème social crucial a été pointé dans différents ouvrages (*Quand les femmes auront disparu*, *L'élimination des filles en Inde et en Asie*), ou dans des documentaires tels que *La malédiction de naître fille*.

Dans *L'Asie manque de femmes*, Isabelle Attané souligne que la naissance d'une fille signifie en Chine, à Taiwan et en Corée du Sud l'extinction de la lignée familiale et la disparition du culte des ancêtres.

Groupe Eyrolles

Car *« élever un fils permet de préparer sa vieillesse »*, alors qu'*« élever une fille*, dit un dicton chinois, *c'est cultiver le champ d'un autre. »*

Le cas particulier de la Chine : l'enfant unique

« Un couple, un enfant » devient le slogan de la politique de l'enfant unique en Chine dès 1980. Lancée pour contenir un accroissement de la population, cette politique transforme complètement les relations entre les différents membres de la famille. Finis les rapports antagonistes entre le côté paternel et le côté maternel, entre les différents frères et sœurs du père ou de la mère, les cousins directs ou par alliance. Surtout fini le rôle particulier qu'impose le droit d'aînesse à l'aîné de la famille, responsable de ses parents et du culte des ancêtres.

Les conséquences sociologiques, en termes de mentalité, sont elles aussi extrêmement profondes. Dans un pays à tradition collective, basée sur la pensée confucéenne où le collectif l'emporte sur l'individu, on a aujourd'hui des enfants uniques, des « petits empereurs », hyper-individualistes et égocentriques. Leurs parents font de grands sacrifices financiers pour leur offrir ce qu'ils demandent et ont tendance à tout accepter de leur comportement.

Par conséquent, au lieu d'avoir un système familial pyramidal où deux grands-parents auraient, par exemple, trois enfants qui auraient chacun deux enfants, donc six petits-enfants, la Chine propose actuellement une pyramide inversée où les quatre grands-parents n'ont qu'un enfant par couple et, au final, un petit-enfant à se partager et autant de caprices et d'individualisme à contrôler ou à assouvir.

Pour ces raisons, de nouvelles habitudes de consommation sont développées pour contenter l'enfant unique, cultivant ainsi l'essor d'une prodigalité chez l'enfant, méconnue auparavant. De plus, une certaine émulation entre les jeunes entretient cette course folle à la consommation de produits de luxe ou exportés, les parents ne veulent pas que leur enfant « perde la face » devant leurs camarades.

Groupe Eyrolles

La place de l'enfant à travers l'utilisation du langage

Sachant que le terme « moi » n'existe pas dans la langue vietnamienne, l'enfant, dès qu'il commence à parler, apprendra à se nommer par rapport aux membres de sa famille. En raison du milieu clos de relations marquées par les différents liens de parenté, il utilisera un terme spécifique qui le désignera lui, par rapport aux autres membres :

- *con* en s'adressant à ses parents ;
- *chau* en parlant à ses grands-parents ;
- *em* pour se situer par rapport aux aînés ;
- *anh* (grand frère) ou *chi* (grande sœur) par rapport aux cadets.

Dès le plus jeune âge, l'enfant apprend à connaître et à respecter, à travers le langage, sa place, son rôle dans ses rapports avec les autres, proches et lointains. Le « moi » de l'enfant vietnamien est dissous dans le collectif de la famille et de la société. Ainsi, l'enfant, en apprenant à parler, apprend en même temps sa place et son rôle dans la famille. La hiérarchie familiale, d'abord, et sociale, ensuite, pèse lourdement sur le « moi ».

Au Japon, traditionnellement, les femmes abandonnaient leur travail dès la naissance de leur premier enfant, même si ce phénomène tend à disparaître. Dès les premiers jours, le jeune Japonais vit dans un milieu familial très clos, il est entouré par sa mère ou sa grand-mère. Il ne bénéficie pas d'un espace personnel, mais partage un univers familier (*ushi*). Les nouveau-nés n'ont pas leur chambre individuelle, ce n'est qu'à l'âge de 6 ans, en rentrant à l'école, qu'ils ont leur chambre.

À trois ans, le jeune Japonais fait son entrée dans la vie collective : dès le jardin d'enfants, trois leitmotivs guideront ses pas : apprendre à vivre en groupe (*shûdan no seikatsu*) ; avoir une bonne entente avec ses camarades (*nakayoku*) ; se garder en bonne santé (*genki ippai)*. Ceux-ci lui serviront de base de conduite toute son adolescence et sa vie d'adulte. Ce sont ses armes secrètes.

Éduquer, une noble tâche en Occident

Pourquoi l'amour ne suffit pas

L'Occident actuel rencontre de vraies difficultés à éduquer, suite à la remise en question des valeurs de l'éducation traditionnelle. Toute la société tend à réduire les relations parents/enfants à de l'amour affectif. Si les sentiments des parents sont forts pour l'enfant et qu'on les lui exprime, cela suffit à son développement.

Comme pour l'amour d'un adulte, aimer un enfant, c'est aimer une personne qu'on ne possédera jamais complètement. Ni son corps – il y a l'interdit de l'inceste –, ni son esprit – qui doit trouver sa voie à lui. Pourtant, l'amour pour un enfant est une réalité bien spécifique. La différence essentielle avec l'amour entre adultes, c'est que le père et la mère aiment l'enfant pour qu'il les quitte. Ce mouvement de l'amour ne va pas dans le sens des sentiments parentaux. Il demande un vrai travail d'ouverture à l'inconnu qu'est leur enfant.

L'amour est bien entendu fondamental. Si l'enfant n'a pas été aimé, ou même ne s'est pas senti aimé par ses parents, il peut errer toute sa vie à la recherche de ce qui comblera ce manque. Et il ne s'agit pas seulement de sentiment. Au-delà de l'émoi, l'amour parental implique un devoir d'éducation pour permettre à l'enfant de se construire, de trouver son identité au-delà de la satisfaction de ses instincts. Il pourra alors devenir un être sociable, civilisé.

Accompagner la séparation

Cela suppose que les parents mettent des limites. En Occident, le rapport à la limite est devenu quelque chose d'assez compliqué à gérer. D'un côté, l'expérience de la limite est bonne, elle permet à l'enfant de croître, d'aller vers lui-même, d'échapper à la chaleur du fusionnel pour devenir être de relation. Ce processus d'individuation doit être facilité par l'éducation. D'un autre côté, l'expérience de la limite fait souffrir.

Groupe Eyrolles

L'enfant fait l'expérience de la séparation qui lui permet d'être en dehors de ses parents. L'amour dont les parents l'entourent l'autorise à vivre cette séparation comme une ouverture à la relation aux autres, autorisation de grandir, d'aller vers d'autres personnes que sa famille proche.

Il arrive que l'enfant vive cette séparation sur le mode de l'abandon et de l'isolement, c'est souvent dû à la façon dont les parents eux-mêmes ont vécu l'expérience de la séparation. Bon nombre de parents ont vécu leur propre éducation comme du dressage. Les limites leur ont été imposées sans respect pour leur volonté, ce qui les a conduits à conclure que donner des limites claires brisait forcément la personnalité.

L'école des parents

Les courants actuels de la psychologie moderne renforcent cette idée. Par peur excessive de culpabiliser, on invite peu les parents à se remettre en cause. Probablement ne les croit-on pas capables de recevoir une critique sans être meurtris. L'expérience prouve toutefois que la plupart des parents acceptent volontiers les repères proposés s'ils sentent que le bonheur de leur enfant en dépend.

Ils savent plus ou moins consciemment que le psychisme, comme le corps, a ses lois propres. Il y a des logiques à appréhender, des repères à mettre en place pour que l'enfant tienne debout. Par exemple, l'enfant a besoin de savoir que ses parents ont une vie en dehors d'eux et qu'il ne peut pas surgir dans la chambre à coucher sous le moindre prétexte.

Ces règles sont simples. Parfois compliquées pour les parents car elles renvoient à leur propre enfance, à ce qu'ont été leurs parents, à ce qu'ils ont enfoui en eux. Elles peuvent renvoyer à des souffrances profondes qui rendent difficile, pour les parents, le passage du sentiment à l'éducation. Ils ne transmettent plus alors leurs valeurs ou celles de la société. Ils réagissent affectivement, justifiant les comportements déviants, accusant les autres, l'école, l'institution publique, ne parvenant pas à insérer l'enfant dans le monde environnant.

Groupe Eyrolles

Le cas des adolescents

« Le prix de la liberté, c'est l'angoisse. Aujourd'hui, on aide les enfants à développer leur personnalité, à prendre conscience d'un tas de choses. Ils sont plus intelligents, plus vifs, mais plus angoissés. On s'en occupe très bien à la maternelle et à l'adolescence, on les abandonne. La société ne prend pas le relais des parents. Du coup, un adolescent sur trois s'effondre, après le bac généralement. Pour éviter cela, il faudrait davantage de structures sociales et culturelles qui leur permettraient de donner un sens à leur vie, en encourageant la créativité, la parole, l'être ensemble, l'élan vers l'autre. Or, on ne le fait pas. Problème de l'adolescent : "Qu'est-ce que je vais faire de ce qu'on a fait de moi ?" Pour répondre à cette question, il doit être entouré de structures affectives (des groupes partageant la même activité, des copains) et pouvoir travailler. » (Boris Cyrulnik)

Tout l'art de l'éducation est de refléter un juste équilibre entre aider l'enfant à découvrir sa singularité et lui permettre d'inscrire cette identité dans la communauté. C'est développer sa personnalité, son désir, et en même temps lui faire comprendre que la réalisation de ses désirs est limitée par des interdits. Un enfant à qui l'on ne demande jamais son avis, que l'on ne respecte pas, ne respectera jamais les autres. Mais un enfant à qui l'on demande trop son avis, que l'on écoute « trop » ou mal, peut devenir aussi insupportable pour les autres. Livré à son monde de pulsion, il s'imagine tout-puissant.

Et en Asie, que veut dire éduquer ?

Éducation ou intégration

C'est par l'éducation que l'enfant s'intègre dans le monde : la réussite de l'enfant traduit la fierté des parents et de la famille d'avoir fait leur devoir d'éducateurs en lui permettant d'accéder à la connaissance, d'avoir un métier, de jouer enfin un rôle dans la société. De par son futur métier, l'enfant pourra non seulement rapporter de l'argent, mais surtout étendre la notoriété sur la famille pour le bien de tous, il sera également un soutien aux membres de la famille et si possible à toute la communauté.

Il est légitime de se demander si l'éducation des enfants revient uniquement à la famille ou en complémentarité avec celle imposée par la société, à travers l'école, les institutions religieuses.

« Éduquer, c'est apprendre au jeune à vivre en groupe, savoir être soi-même au sein d'un groupe ». Le respect de tout et envers tous est inculqué à l'enfant. À la maison, il apprend à se soumettre à l'autorité du père, à l'école à celle du professeur. L'éducation passe par l'acceptation de l'autorité. Le dialogue parents/enfants s'établit, certes, mais dans un seul sens. L'autorité paternelle ne doit en aucun cas être remise en cause, de même pour le savoir reconnu aux maîtres et professeurs. *« Éduquer, c'est accompagner le jeune dans son apprentissage des règles sociales, de la relation aux autres, lui apprendre à gérer son quotidien, lui apprendre à avoir soin de soi (hygiène, habillement, autonomie d'action), à développer sa personnalité, à s'épanouir. »* (Jean Maïs, *Être Vietnamien*)

L'école des mérites

L'éducation traditionnelle académique dans les pays asiatiques sinisés passait par le système mandarinal, système équivalent à l'ENA française. Les étudiants, de famille aristocratique pour la plupart, passaient un concours qui, suite à leur réussite, leur donnait accès aux postes d'encadrement dans différentes administrations. Ils étaient alors appelés à commander, voire à gouverner des provinces au nom de l'Empereur.

Les épreuves de ces concours mandarinaux, arrêtés en 1906 en Chine, consistaient à connaître par cœur les cinq livres de référence du confucianisme : *Yi King* ou *Livre des Mutations, Chou King* ou *Livre des*

Groupe Eyrolles

Documents, *Che King* ou *Livre des Vers*, *Li King* ou *Livre des Rites* et *Tchouen Tsieou* ou *Les Printemps et les Automnes*.

Découvrant ce système au XVIIIe siècle, les Jésuites décrivaient le mandarinat comme un système permettant à l'Empereur de Chine et du Vietnam le recrutement et la promotion des fonctionnaires intègres et compétents. Il permettait à l'Empereur de s'entourer de « privilégiés ».

Extrait tiré des *Lettres édifiantes et curieuses de Chine*

« Vous conviendrez, Monsieur, que l'institution de tous ces degrés n'a pu être dictée que par une sagesse politique : car outre l'affection que les Chinois ont naturellement pour leurs lettres, cet exercice continuel, ces fréquents examens les tiennent en haleine, leur donnent une noble émulation, les occupent pendant la meilleure partie de leur vie et empêchent que l'inaction et l'oisiveté les poussent à exciter des brouilleries dans l'État. Aussitôt que l'âge leur permet de s'appliquer à l'étude des lettres, ils aspirent au degré de bachelier ; souvent ils ne l'obtiennent qu'après bien du travail et de la peine ; et après l'avoir obtenu, ils sont occupés presque toute leur vie à le conserver pour de nouveaux examens, ou à monter aux degrés supérieurs. Par ces grades ils s'avancent dans les charges, et jouissent de certains privilèges qui les distinguent du peuple et leur donnent des titres de noblesse. » (1770 – *Lettres édifiantes et curieuses de Chine*, par les missionnaires Jésuites, 1702-1776)

L'objectif de l'éducation vise par conséquent à acquérir un savoir qui place l'« homme de bien », vertueux, ou *junzi*, confucéen au-dessus de l'homme de peu ou *xiaoren*. L'éducation permet en outre d'accéder à la reconnaissance sociale qui jaillira sur la renommée de la famille. Même si ce système mandarinal a disparu, l'éducation moderne reste imprégnée de principes confucéens : sans les connaissances et le savoir, l'enfant, puis l'adulte, ne sera pas considéré par la société. Celui qui « sait » aura toujours la supériorité.

L'école spirituelle : préparation à la vie d'adulte

Le savoir ne suffit pas à préparer l'enfant à une vie harmonieuse avec lui-même et dans le groupe, aussi lui faut-il encore faire l'apprentissage de la hiérarchie, des règles de préséance, du respect à tous ceux qui lui sont supérieurs, de la « dette morale » qu'il doit montrer envers ses parents. Cette dette sera « matérielle » lorsque l'enfant prendra soin de ses parents pour adoucir leurs vieux jours. À travers cette méthode de socialisation, l'enfant apprendra les limites de son « moi » et de ses rapports avec le monde extérieur. Il se formera à l'image que ses proches attendent de lui, à travers ses obligations filiales.

Dans les pays asiatiques indianisés, comme au Cambodge, au Laos, en Thaïlande et au Myanmar (ex-Birmanie), l'éducation des enfants mâles sera complétée par l'enseignement bouddhique dans un monastère, soit vers l'âge de six/sept ans, soit, plus tard, avant de se marier. L'enfant ou le jeune homme y passera au minimum trois mois, il apprendra le langage sacré, le *pâli*.

Le but de cet enseignement religieux permet à l'enfant de la société bourgeoise d'acquérir une éducation spirituelle, alors que l'enfant des familles rurales et pauvres apprendra de ce fait à lire et à écrire. À quoi lui servira cette éducation religieuse ? Devenir un « homme vertueux » permet d'obtenir des « mérites » qui, en s'accumulant, lui fourniront un meilleur *karma*, non seulement pour lui-même, mais également pour sa famille et, par extension, sa communauté.

Lorsqu'il fait l'apprentissage spirituel par les prières et la discipline au sein de la communauté monastique, l'enfant fait l'expérience de la vie quotidienne des bonzes : recevoir sa nourriture, un bol de riz et des légumes, grâce à l'aumône de la population. Ce modèle de vie, rigide et austère pour de jeunes enfants, confère à l'enfant une attitude réfléchie sur la vie en groupe, le rôle de chacun, et des habitudes de générosité et de solidarité envers les autres. Il est conscient qu'il est responsable de

Groupe Eyrolles

son propre *karma* et de celui de sa famille, c'est une très lourde mission à vivre et à transmettre à ses propres enfants. Suivant un dicton vietnamien :

> « *Ce n'est qu'après avoir élevé son enfant*
> *Que l'on connaît le cœur de ses propres parents.* »
> *(Có nuôi con mói biêt lòng cha me.)*

La pratique des arts martiaux

Elle apporte à l'enfant des atouts pour son développement physique et psychique. Que ce soit par le *judo*, le *karaté* ou le *taekwondo*, l'enfant apprend à vivre en société.

- Le respect de l'autre ou comment ne pas lui faire mal.
- Le contrôle de soi en connaissant les règles et codes de bonne conduite.
- La sincérité ou comment dire la vérité.

Les arts martiaux ne sont pas des sports de combat : ils utilisent les techniques pour mieux les dominer. C'est également une façon de se perfectionner et de rechercher l'efficacité. Ils permettent aux enfants de mieux se connaître pour dominer leur force et s'améliorer. Les pratiques régulières de ces arts développent une meilleure confiance en eux et entraînent une meilleure concentration sur les actes. Elles leur donnent une autre vision d'eux-mêmes et contribuent à construire leurs rapports avec les autres.

« *Si tu deviens un champion, c'est bien. Mais le plus important reste la contribution que tu apportes à l'édifice humain* », affirme Sumiyuki Kotani Sensei, 10e *Dan* de judo.

Pourquoi certains pédagogues recommandent-ils d'éviter fessées, gifles, tapes sur les mains ?

- Elles donnent l'exemple de la violence.
- Elles détruisent la certitude d'être aimé inconditionnellement.
- Elles créent une angoisse : celle de l'attente d'une prochaine rupture.
- Elles sont porteuses d'un mensonge, celui d'être éducatives alors qu'en réalité, elles servent aux parents à se débarrasser de leur colère d'avoir été frappés enfants.
- Elles incitent à refouler colère et désir de vengeance, sentiments qui ressortiront plus tard.
- Elles impriment dans le corps de l'enfant des arguments illogiques : « Je te fais mal pour ton bien. »
- Elles détruisent la sensibilité et la compassion envers soi-même et les autres, limitant ainsi les capacités de connaissance.
- Elles convainquent l'enfant qu'il ne mérite pas le respect, que l'on peut apprendre le bien au moyen d'une punition. Or, les punitions n'apprennent à l'enfant qu'à vouloir lui-même punir.
- Elles enseignent qu'il faut ignorer la souffrance, que la violence fait partie de l'amour, que la négation des émotions est salutaire. Le corps en paiera le prix, souvent beaucoup plus tard.
- Elles ne donnent pas à l'enfant le droit de se défendre avant l'âge adulte.

Mots clés

En Occident _____   _____ En Asie

En Occident	En Asie
Don de la vie	Transmission du patronyme
Fécondité du couple	Rang de naissance
Nourrisson	Obéissance
Fille ou garçon	Piété filiale
Frère et sœur	Respect
Adolescent	Éducation
Éducation	Héritage
Croissance	Projet de vie
Héritier	Soutien des parents

Chapitre 8

L'argent

« La richesse consiste bien plus dans l'usage que dans la possession. »
ARISTOTE

À Hongkong

Devant le bâtiment de la Banque de Chine, Arnaud attend l'homme qui doit l'accompagner dans un atelier de bijoux. Ils passeront prendre Leslie à l'hôtel avant de rejoindre la Whyndam Street où se trouve l'atelier, au 1er étage d'un vieil immeuble. Arnaud souhaite offrir un cadeau à Leslie avant son départ pour la France. Ce voyage à la découverte de l'Asie les a rendus complices.

Un collaborateur de Taipei avait insisté auprès d'Arnaud pour qu'il rencontre son cousin. Il a, selon lui, les meilleurs contacts de Hongkong pour faire des affaires. Le jeune Français, intrigué, décide de tenter l'aventure.

Le trio sonne à la porte de l'atelier, attend, avant que le judas ne s'entrouvre pour vérifier qui est là. Apercevant le Chinois, quelqu'un tire la porte, qui s'ouvre sur une pièce mal éclairée, décorée de cartes postales de Bombay. Ils sont accueillis par un couple souriant, d'origine indienne, qui leur souhaite la bienvenue. Le mari les invite à s'asseoir

Groupe Eyrolles

dans des fauteuils, la femme leur apporte une tasse de thé. L'homme se laisse tomber dans un fauteuil et anime la conversation dans un anglais approximatif : « Il fait chaud n'est-ce pas ? Avez-vous fait bon voyage ? De quel pays êtes-vous ? Ah la France, Paris, Paris… ! »

Pendant ce temps, son épouse se dirige vers un grand bureau en formica blanc et saisit le téléphone pour appeler son fils. Elle s'exprime avec vivacité en hindi, le ton est joyeux. Le fils arrive d'un pas alerte, salue Leslie et Arnaud, glissant un regard complice au Chinois. Il parle un américain parfait qui trahit une éducation soignée, probablement au nord-est des États-Unis.

« Je suis Rajiv, je m'occupe des affaires de mes parents, vous voulez acheter un bijou, je crois. Que désire Madame ?, *se tournant vers Leslie,* une bague, un bracelet, un collier, en perles… avec des diamants ? Peut-être préférez-vous des émeraudes ou des saphirs ? J'ai une très jolie bague sertie d'améthystes qui ira bien avec la couleur de vos yeux. » *Leslie se redresse imperceptiblement et lui lance un regard charmé. Le bel Indien, satisfait, s'absente le temps d'aller chercher les présentoirs.*

Arnaud a agité nerveusement la jambe droite, pendant tout l'échange. Il profite du départ de Rajiv pour avertir Leslie. « Attention, il en fait un peu trop. Ne te laisse pas faire. »

Au bout de deux heures, Leslie choisit un bracelet en or fin incrusté de saphirs. Soulagé, Arnaud se lève et tend sa carte de crédit. Voyez cela avec mon père. Le vieil homme s'avance et explique : « Credit card, no, cash only. » *Ennuyé, le Français refuse.* « No cash, credit card only. » *Le Chinois intervient :* « Si vous payez comptant vous aurez une remise. Voulez-vous que j'obtienne un bon prix pour vous ? » *Une négociation qui paraît longue à Arnaud s'engage entre les deux hommes. Le Chinois revient vers lui de temps en temps pour annoncer un prix. Ils finissent enfin par se mettre d'accord. Le couple repassera l'après-midi avec l'argent.*

« Allons voir les magasins de Hongkong *propose Leslie.* On m'a parlé d'un Lane Crawford très chic et de boutiques dans les grands hôtels :

Groupe Eyrolles

le Mandarin… le Péninsula. *Étonnée de retrouver les mêmes marques de luxe qu'en France, la jeune Française sourit :* « Mais c'est bien plus cher qu'à Paris ! Qui les achète ici ? » « Les tai-tai, *répond le cousin chinois.* Ce sont les épouses des tycoons, hommes qui ne vivent que pour les affaires. Ils parcourent toute l'Asie, jouent en Bourse, entretiennent plusieurs maîtresses… Leurs femmes n'ont rien d'autre à faire que du shopping – Chanel, Louis Vitton, Cartier… Ce sont des jouets pour elles. Et puis, porter une montre Cartier, des sacs Gucci leur donne un statut social. Leur famille a réussi dans le business, leur mari a du succès, cela leur ouvre beaucoup de portes. Elles sont invitées à toutes les manifestations, on parle d'elles dans la presse locale. »

Dans le taxi qui les reconduit à l'hôtel, Leslie est pensive. Quelle drôle de vie ! Elle se souvient d'hier soir au marché de nuit, ces familles pauvres qui mangeaient dans la rue, ces enfants qui couraient pieds nus…

À l'hôtel, Leslie s'apprête pour sa dernière soirée avec Arnaud, avant de prendre le vol du soir pour Paris. Elle réalise tout le chemin parcouru depuis son arrivée, elle fait le bilan des instants les plus émouvants. Curieusement, Hongkong lui laisse un sentiment mitigé. Est-ce encore l'Asie ?

La valeur de l'argent en Occident

La monnaie, cœur des échanges

L'argent en Occident est lié à l'échange, ciment de l'économie. Autrefois, le troc était la règle de fonctionnement du commerce. L'apparition de la monnaie métallique date seulement de 650 av. J.-C. chez les Grecs d'Asie Mineure, dans la même région que la naissance de la philosophie. L'idée de frapper de petits lingots de métal précieux, de même poids et forme, portant un emblème identique avait pour principal but de satisfaire l'ego des cités et de leurs dirigeants. Ils pouvaient s'échanger localement comme de quelconques bijoux.

Très vite, ces pièces frappées facilitèrent les échanges de marchandises. Leur valeur, donnée par leur poids en métal précieux, était garantie par un roi ou une association de marchands, ce qui pouvait permettre de les échanger contre toute autre marchandise – bétail, céréales, produits artisanaux. Le développement du commerce entre les cités grecques accéléra le développement de ce processus de création et d'échange de monnaie.

L'origine du mot « monnaie » et du mot « argent »

En 269 av. J.-C., les Romains installent leur atelier de frappe dans le temple de la déesse protectrice du foyer, Junon, surnommée « Moneta » du latin *monere*, conseiller. De là découle l'appellation donnée aux pièces, dont nous avons fait monnaie, *money* en anglais, *moneda* en castillan…

Après les troubles du haut Moyen-Âge, faute d'approvisionnement suffisant en or, Charlemagne met en circulation une nouvelle monnaie de référence, le denier d'argent. Cette pièce entre si bien dans les mœurs qu'on utilise aujourd'hui encore le nom du métal comme synonyme de monnaie.

À l'origine, l'argent est donc vu comme l'outil précieux de la confiance. Les hommes en disposent pour organiser leur vie, acheter les biens nécessaires à l'économie du foyer. Il est le vecteur de l'ouverture à d'autres peuples, de l'échange de richesses, de biens et services. Il n'est en rien cette substance maudite que dénoncent certaines morales rigoristes.

Vers la dématérialisation de la monnaie

Imaginez quelques naufragés abordant une île. Chacun travaille dans sa spécialité : chasseur, cultivateur, menuisier, charpentier, tailleur. Le troc est peu pratique, à cause des différences de durée de production. Un coquillage est choisi, unité externe référence des échanges.

Groupe Eyrolles

Survient un nouveau naufragé, accompagné d'un trésor précieux à l'abri dans une malle. Sa spécialité, banquier. Il prête avec intérêt à chacun, une somme de coquillages dont le montant écrit est à valoir sur son « trésor ».

Le taux d'intérêt, trop lourd, met les travailleurs en colère. Ils se rebellent, chassent le banquier, ouvrent le « trésor » : quelques pierres dans une malle. Les travailleurs décident de laisser les pierres, d'enterrer la malle et de gérer ensemble les prêts et les dettes.

Voilà comment est née la production de la monnaie moderne. La contrepartie en or ou en argent n'existe plus, mais la croyance, la confiance les uns dans les autres favorisent l'échange et améliorent la production.

Il fallut attendre les XVIIe et XVIIIe siècles, pour que l'Occident assiste à la naissance mouvementée du papier-monnaie en Europe et en Amérique du Nord. Cela commence dans les banques de Venise, d'Amsterdam, de Stockholm pour se concrétiser à Londres, Philadelphie et Paris. La dématérialisation de la monnaie donne à l'argent un pouvoir toujours plus grand. Il devient l'outil d'une véritable production de richesse.

La rémunération du capital et le prêt à intérêt

La relation à l'argent a été profondément influencée, en Occident, par la position de l'Église catholique issue du judaïsme. Cette question touche de près à celle de l'usage des biens, de la propriété, du travail et des relations entre les hommes. *L'Ancien Testament* est clair : *« Si tu prêtes de l'argent à quelqu'un de mon peuple, au pauvre qui est avec toi, ne sois pas une morsure pour lui ; tu n'exigeras pas de lui d'intérêt. » Le Nouveau Testament* étendra cette injonction à tous les hommes au nom de la loi universelle de l'Amour.

Cette culture venait se heurter au monde gréco-romain, bâti, lui, sur la cupidité et l'ambition. Le prêt à intérêt y sévissait avec des taux de 12 à 60 % par an. L'Église luttera, inlassablement, contre les contrats de crédit devenus des instruments légaux et perfectionnés de l'exploitation des hommes entre eux. Condamner le prêt à intérêt était un progrès non négligeable relativement aux mœurs de l'époque.

Deux événements majeurs vont contraindre l'Église à évoluer : d'une part, la pression de la vague libérale de 1830, d'autre part, l'esprit d'individualisme et d'autonomie que la Réforme va propager dans le monde. Contrainte d'assouplir sa position, elle accepte d'autoriser le prêt de l'argent à intérêt, pourvu que les taux fixés par le droit civil soient respectés. Elle combat inlassablement l'usure pratiquée par des hommes avides de gain et d'une insatiable cupidité, dénonçant les systèmes financiers abusifs entre les nations, ainsi que les trafiquants dont les pratiques usuraires et mercantiles provoquent la faim et la mort de leurs semblables.

L'argent : bénédiction, malédiction

L'Occident est d'inspiration judéo-chrétienne. Il faudrait un livre entier pour aborder ce sujet délicat et controversé de l'argent. Les lieux communs sont nombreux, les caricatures encore plus, pointant le judéo-christianisme comme responsable de toutes les culpabilités par rapport à l'argent. Pour dépasser l'anecdotique, il est intéressant de revenir au livre de référence, la *Bible*.

Dans le *Livre des proverbes*, la parole d'Agur est un bon résumé de la pensée originelle du judéo-christianisme. « *Ne me donne ni pauvreté, ni richesse, laisse-moi goûter ma part de pain ; de crainte qu'étant comblé je ne me détourne et ne dise : qui est Yahvé ? Ou encore qu'indigent je ne me dérobe et ne profane le nom de mon Dieu.* »

La richesse peut être signe de bénédiction. Dieu enrichit ses amis. Il n'y a pas de contradiction ou de contre-indication à posséder des biens matériels quand on est croyant. La richesse la plus matérielle est en soi un bien qui n'a pas à être méprisé. Parmi les fruits qu'elle porte, elle procure une précieuse indépendance et préserve d'avoir à supplier ses créanciers. Elle peut même procurer des amitiés utiles.

Groupe Eyrolles

Ce que pointe le christianisme est d'un autre ordre : l'argent n'est pas le meilleur des biens. L'homme sensé lui préfère la santé, la justice, la sérénité, car les limites de l'argent sont assez vite palpables. Le cœur profond de l'homme ne s'y trompe pas : la vie, l'amour, la liberté, il y a des choses qui ne s'achètent pas.

Le signe de la bénédiction n'est pas toujours dans un compte en banque bien rempli. Il peut être dans une richesse de talents, une abondance de dons naturels, une qualité de milieu familial, une éducation attentive… toute chose qui ne va pas nécessairement de pair avec l'argent.

A contrario, la pauvreté n'est pas signe de malédiction. De grands génies de la science et de l'amour sont nés dans des familles pauvres, désargentées. Ils ont apporté à l'humanité beaucoup plus que de grands milliardaires, même s'ils ont parfois eu des difficultés à vivre financièrement parlant.

L'éthique de l'argent : la conscience occidentale en perpétuel débat

La culture occidentale traditionnelle évite d'assimiler la richesse à la bénédiction, la pauvreté à la malédiction. L'argent n'est en soi, ni bon, ni mauvais. C'est le cœur de l'homme, l'attachement qu'on lui porte qui font la différence.

L'argent donne le pouvoir positif d'entretenir sa famille, d'éduquer ses enfants, de construire un monde où les hommes puissent vivre dignement. Si l'argent pose parfois un problème moral, il n'est pas dans le fait de gagner de l'argent, ni même d'en gagner beaucoup. Il est plutôt dans la manière de se le procurer et d'en user. Comment l'argent est-il gagné, par quels moyens ? Qu'en fait-on ensuite ?

Toute abondance de biens n'est pas signe d'une bénédiction, loin de là. L'argent peut devenir un moyen de corruption de l'homme. Il y a des fortunes injustes qui aboutissent à exclure la masse des hommes des biens de la terre pour les réserver à quelques privilégiés. Manque de

Groupe Eyrolles

solidarité, accélération de la précarisation du travail, appauvrissement des populations, le riche Occident fait son examen de conscience. Il traverse une crise de valeurs qui alimente le débat de la richesse et de la pauvreté.

Qu'as-tu fait de ton frère ? Est-ce que tu te crois meilleur parce que tu as de l'argent, est-ce que tu partages avec l'indigent, fermes-tu ta porte à celui qui te demande de l'aide ?

Le juste comportement concernant l'argent n'est pas facile à définir. Le monde évolue constamment – innovation, consommation, modes, guerres, intempéries, opportunités nouvelles. Tout est prétexte à un réaménagement permanent des marchés. Difficile, dans ce contexte, d'enfermer les comportements dans des codes écrits à l'avance, de codifier le détail des conduites souhaitables.

La culture occidentale pose quelques principes auxquels elle raccroche le quotidien. Tout le monde s'accorde à penser que le vol, la fraude fiscale, la concurrence déloyale, le délit d'initié sont des pratiques condamnables.

Ensuite, on discute au cas par cas. Avez-vous gagné beaucoup d'argent en violant les règles admises par tous ? Vous serez désigné comme coupable par le collectif. Avez-vous gagné beaucoup d'argent sans transgresser la loi en vigueur, sans tromper vos partenaires, en respectant vos clients ? Vous devenez un exemple pour la communauté.

Chacun peut interroger sa conscience. Bien sûr, la conscience est plus ou moins large selon les personnes. Où commence un vol, un délit d'initié, une fraude fiscale ? La limite peut être très relative, surtout à une époque de déréglementation où la frontière entre le permis et le défendu est ténue. Ceux qui aiment opérer dans des conditions limites deviennent rois. Pourtant, la différence est essentielle entre lire une loi de façon habile pour la tourner à son avantage et la transgresser purement et simplement.

L'argent : chance et richesse en Asie

钱 *qián* : argent, monnaie

L'histoire de la monnaie en Chine

Les Chinois utilisaient le cauris comme leur plus ancienne monnaie. Des liens commerciaux supposés avec des peuples aussi lointains que ceux de l'océan Indien étaient donc possibles.

Dès les années 220 av. J.-C., sous les Qin, a eu lieu la grande réforme monétaire. Apparurent alors les premières pièces de monnaie rondes métalliques, appelées *ban liang*, percées en leur centre d'un trou carré. Les Chinois croyaient que le ciel était rond, et la terre carrée. En réalité, le trou permettait à une cordelette d'y passer et de maintenir ces pièces réunies.

Cette réforme mettait fin à la circulation de tout autre signe monétaire en bronze sous forme d'objets, bêches ou lames de couteaux par exemple. Réforme tout à fait innovatrice parce qu'elle permettait la double circulation de pièces d'or et de bronze. En créant le système monétaire national, l'empereur Qin Shi Huangdi voulut également procéder à l'unification de la Chine, afin de lutter contre les particularismes locaux. Ce système de double circulation fut utilisé jusqu'à l'avènement de la République en 1911.

L'argent de la chance

L'année nouvelle commence toujours, dans les pays asiatiques sinisés, avec de l'argent appelé « l'argent de la chance ». Lors du nouvel an chinois, coréen, taïwanais ou le *Têt* vietnamien qui a lieu à la même date, les grands-parents, les parents, les oncles et tantes offrent des enveloppes rouges aux enfants et jeunes célibataires. Celles-ci contiennent de l'argent censé leur apporter chance pendant toute l'année, et les jeunes en les recevant souhaitent en échange des vœux de santé et de longévité aux adultes.

Qui dit chance dit jeu de hasard et jeu d'argent. Il est connu que les Asiatiques, et les Chinois en particulier, sont « joueurs ». Ayant un pouvoir d'achat de plus en plus élevé, les Chinois se tournent vers leur amour de toujours : le jeu, que ce soit en groupe à travers des jeux de société – cartes ou tuiles –, ou individuellement – au casino. En outre, le jeu est considéré comme un moyen facile d'accéder, grâce aux gains importants, à la classe supérieure. Moyen rapide mais non sans risque de gagner de l'argent.

À quoi joue-t-on en Asie ? Le sens du jeu, ou plutôt l'art du pari, habite profondément les Asiatiques, parcourant toutes les couches sociales, du paysan à la classe moyenne, employés ou cadres, hommes ou femmes. Lorsque vous visitez les campagnes en Asie – en Chine, au Cambodge, au Vietnam, en Indonésie, partout, vous pouvez être invité à un combat de coqs. C'est l'occasion pour les éleveurs de coqs de montrer leur talent de préparation, et pour les villageois de participer activement à cette manifestation collective du pari sur le coq gagnant.

Servant d'intermédiaire entre les hommes et les divinités sous l'influence hindouiste, le coq symbolise en quelque sorte le sacrifice. Par conséquent, le combat de coqs correspond bien à un sacrifice. L'un des deux est mis KO, et parfois même à mort. La violence du combat peut paraître insupportable pour des âmes sensibles, car dans certains cas l'ergot des coqs est « armé » de lame bien aiguisée. Le peuple réclame du sang et les paris s'enchaînent sur chaque coq vainqueur.

Par contre, en milieu urbain, dans les quartiers populaires de Hong-kong tels que Wan Chai ou près des marchés de nuit de Kowloon, des touristes étonnés chercheront l'origine d'un bruit continu et régulier – clac, clac, clac –, provenant de derrière les murs des maisons ouvertes sur la rue, le bruit de pièces en forme de tuiles qui se déplacent sur une table de jeu. Qu'est-ce ? Les habitants y jouent au *mah-jong*.

Le *mah-jong*

Originaire de Chine, le *mah-jong* est un jeu de société pouvant se jouer à 3, 4 ou 5 joueurs. Un jeu de *mah-jong* contient 144 pièces appelées « tuiles », ayant chacune une symbolique bien précise, égalisant un certain nombre de points. Ces 144 tuiles sont divisées en plusieurs groupes de symboles. On retrouve tout d'abord les 4 saisons (printemps, été, automne, hiver), auxquelles correspondent des vents (est, sud, ouest et nord). Il y a aussi les tuiles portant des noms de fleurs (fleur de prunier, orchidée, chrysanthème et fleur de bambou). Ces tuiles font partie de la catégorie « honneurs suprêmes ».

On ne peut parler de jeu d'argent en Asie sans mentionner les casinos de Macao, célèbres dans le monde entier et faisant la fortune de leur créateur. Avant même la libéralisation de l'industrie du jeu dès fin 2001, l'enclave de Macao était déjà célèbre par les hôtels casinos qui attiraient les riches et les moins riches habitants de toute l'Asie des week-ends entiers.

Depuis cette date, les profits provenant de cette activité florissante ont, dit-on, rattrapé ceux de Las Vegas ! Phare de cette industrie, Macao fait des émules dans toute l'Asie. La Corée du Sud et Singapour sont en train de procéder à l'installation d'hôtels casinos luxueux pour les prochaines années. La Thaïlande et le Japon ne sont pas en reste, les jeux d'argent y reviennent triomphants après une période de pénalisation. Même Hongkong va avoir son casino, l'éventualité d'une ouverture était débattue avec passion en 2006.

Un jeu moderne : la Bourse

Grâce à la mondialisation, des multinationales s'implantent partout et sont cotées sur toutes les places boursières, de l'Atlantique au Pacifique. Les pays asiatiques de système communiste (la Chine) ou socialiste (le Vietnam) privatisent et adoptent même des principes du système libéral de marché. Que font donc leurs habitants avec leur argent ? Ils ne mettent plus leur épargne dans les valeurs traditionnelles comme l'immobilier ou l'or. Ils investissent en Bourse : d'épargnants traditionnels et prudents, ils veulent s'enrichir davantage et plus vite. Même sans connaître la valeur des sociétés dont ils achètent les actions, ils prennent le risque pour s'enrichir encore et encore.

L'argent et le statut social

En Asie, la notion de l'argent est très étroitement liée à celle de richesse. L'argent ne symbolise pas seulement la possession matérielle d'une belle et grande maison, de voitures de luxe, de beaux vêtements griffés assortis d'accessoires signés, il permet l'accès à un statut social supérieur. Ces signes extérieurs de richesse contribuent à la renommée du nom de famille et favorisent le statut.

Le concept de la « face » qu'il faut montrer au monde extérieur et aux autres membres de la société prend toute sa valeur lorsqu'elle est reliée, attribuée à l'argent et aux possessions matérielles. Les Asiatiques aiment montrer qu'ils sont riches. Il ne s'agit pas de gagner beaucoup d'argent. Il faut seulement que les autres voient et croient que vous êtes riche. La façade suffit. Dans ce concept de richesse, réside la fierté d'avoir réussi, d'avoir pu s'élever socialement. Alors il faut le montrer. À Hongkong par exemple, des familles détenant d'immenses fortunes vivent dans des appartements très modestes, mais roulent dans des voitures de luxe. Il faut que l'argent soit visible sur soi. Souvent, cette richesse signifie que l'on a mérité parce que l'on a travaillé durement. Elle peut également inspirer l'admiration.

Qu'est-ce que la notion de « face » ou *mientzi* en chinois ?

Elle est une part fondamentale de l'identité sociale de l'individu en Asie. C'est l'appréciation que lui porte la société. C'est l'image que l'individu se donne dans un groupe et que le groupe lui accorde à travers les possessions et richesses qu'il expose ou grâce aux actions qu'il peut entreprendre en faveur ou à l'encontre de la société.

En Occident, « *travaillez, prenez de la peine, c'est le fonds qui manque le moins* »

Le problème du travail est une clé pour la question de la justice sociale et la paix dans le monde. L'intérêt du travail est bien sûr celui de l'épanouissement individuel des personnes, mais, plus profondément, celui de la survie du groupe, de la communauté humaine.

Si, en Occident, gagner de l'argent est important, ce n'est pas l'essentiel de la motivation professionnelle des personnes. Le sens qui peut être donné au travail est varié en fonction de la personnalité des individus. Réussite professionnelle, reconnaissance sociale ? Ou liberté, plaisir et développement personnel ? Ou encore idéal, changement, construction d'un nouveau modèle de société ? La place de l'argent est différente selon les cas.

Trois catégories de motivation

Dans le premier cas, l'argent est central. La sphère professionnelle est surinvestie au détriment de la vie personnelle. La reconnaissance extérieure qu'apporte l'argent permet alors d'exister, de survivre, de se distinguer dans un monde compétitif, sans compassion. L'accès aux biens de consommation est vital, il est le moteur des décisions qui orientent l'action. L'avantage, pour ces personnalités, c'est de donner à l'activité professionnelle une énergie monumentale. Elles nourrissent la vitalité du système, capitalisant les expériences au service de la croissance économique et de la rentabilité des entreprises menées. Pour elles, les signes extérieurs de richesse sont capitaux en termes de reconnaissance personnelle, à leurs propres yeux et aux yeux des autres.

Groupe Eyrolles

Pour la seconde catégorie de personnes, l'argent est un moyen au service d'une qualité de vie. La vie privée est plus protégée, la qualité de l'environnement professionnel et personnel est recherchée. La consommation reste un fort élément de motivation, mais elle n'est plus un but en soi, moteur unique et absolu. Elle est au service de la vie et de la croissance du foyer : maison, sports, vacances, culture, éducation des enfants. Les personnes ne sont pas du tout prêtes à risquer leur équilibre de vie pour gagner toujours plus d'argent. Elles mettent une limite à leur besoin matériel pour protéger leur espace familial et relationnel.

Dans le dernier cas, l'argent est au service d'un rêve. Au-delà de la réussite, gagner de l'argent doit permettre de laisser une trace d'humanité dans le monde. Faire changer les choses, améliorer le réel en lui imprimant une touche personnelle, se battre pour une cause qui rende le monde meilleur, enthousiasmer les hommes. L'argent est désinvesti de son attrait affectif pour devenir un serviteur. Ceux qui entretiennent cette relation à l'argent l'ont dépouillé de sa valeur de reconnaissance familiale ou sociale. Ils n'ont pas ou plus besoin de l'argent pour exister à leurs propres yeux et aux yeux des autres.

La vision de Walt Disney

« J'ai reconnu la magie de la vision de Walt au premier jour de mon stage dans l'entreprise Walt Disney… Dans l'université Disney, grâce à des vidéos et de la "poudre de perlimpinpin", Walt partageait ses rêves et la magie du monde "Disney". Les archives de Disney contiennent des trésors de l'histoire de Walt, pour la plus grande joie des membres de la distribution. Après l'orientation, je fis une halte à l'intersection de l'avenue Mickey et de l'allée Brutus. J'y ai ressenti la magie, la sentimentalité, l'histoire. Je croyais au rêve de Walt et partageais sa croyance dans son organisation. » Un étudiant de Stanford, en stage d'été chez Disney

Groupe Eyrolles

La rémunération : autonomie et dignité

« *Le travail est l'amour rendu visible.* » Cette conception du travail dans le chant du poète Khalil Gibran est bien loin de celle du travail vécu comme une punition : « *Tu gagneras ton pain à la sueur de ton front.* »

Inspiré de la tradition judéo-chrétienne, l'Occident envisage le travail comme une dignité. Par son travail, l'homme contribue à la création du monde, en partenariat avec le Créateur diront certains : « *Dieu prit l'homme et l'établit dans le jardin d'Eden pour le cultiver et le garder.* » Le travail est donc d'abord une bénédiction et non une malédiction, ainsi que l'argent, fruit du travail, prospérité qui en résulte.

Il a une vocation existentielle avant d'avoir une visée économique. « *Soyez fécond, multipliez, emplissez la terre.* » L'essence de cette vocation est de servir le jaillissement et le développement de la vie… cultivateurs, enseignants, entrepreneurs, industriels, mères de famille, artistes, tous dans leur domaine servent une naissance et une croissance.

Le travail, lorsqu'il est rémunéré, a une autre fonction. Il devient un haut lieu de la structuration de l'identité et permet de passer de l'état d'enfant, d'adolescent dépendant de sa famille, à sa stature d'adulte, libre et responsable de sa vie. Il est, entre autre, un lieu primordial pour l'acquisition de compétences, la maturation psychoaffective, la construction de l'estime de soi, l'insertion sociale réussie. L'accès au travail rémunéré conduit à l'autonomie, la maturité, la citoyenneté.

L'argent dans cette histoire n'est pas neutre. Il est souvent un signe extérieur qui analyse le pouvoir et la position sociale d'une personne. Plus la société est matérialiste, plus il est l'unique source de la reconnaissance, envahissant même les sphères les plus nobles de l'amour conjugal et de l'amitié. L'adage amusant de Snoopi n'est pas neutre : « *Il vaut mieux être riche et en bonne santé que pauvre et malade.* »

Le travail, lieu de souffrance ?

S'il y a une joie à travailler, à gagner de l'argent, il y a aussi parfois une pénibilité. Le travail demande souvent un effort, pas forcément reconnu ou récompensé, pas toujours juste non plus au regard de la fragilité humaine. Manque d'autonomie, d'espace d'expérimentation, de soutien de la hiérarchie, de solidarité avec les collègues, isolement professionnel, sentiment de déséquilibre entre la mobilisation et la rémunération, tous ces facteurs de stress et de souffrance au travail sont partagés par un nombre croissant de professionnels, y compris les cadres de haut niveau. Le sentiment d'être exploité, sentiment d'injustice, n'est plus l'apanage des ouvriers.

Comment en est-on arrivé là ? L'industrie d'aujourd'hui ne peut plus planifier la production dans les moindres détails. Confronté à des logiques de marchés très concurrentiels, face à des clients avertis, l'organisateur a laissé la place au manager. L'activité a évolué sur un modèle de service, elle est de moins en moins effectuée sur ordre de l'encadrement, mais de plus en plus sous la pression directe du client, du patient ou de l'usager. La performance dépend désormais en grande partie de la capacité à s'adapter en permanence aux imprévus. L'investissement de l'intelligence et des qualités relationnelles est de rigueur, avec le bénéfice que le professionnel peut en retirer : accomplissement de soi, marge de manœuvre.

Pourtant, pour bon nombre d'entre eux, cet atout peut devenir un vrai cauchemar, car l'évaluation des performances s'est largement complexifiée. La mobilisation individuelle se heurte vite à des conceptions plurielles du bien. L'évaluation est faite par des managers éloignés du métier et repose sur des indicateurs de plus en plus abstraits, surtout sous les exigences de la rationalisation financière. L'ensemble des activités évolue vers le service, alors que les modes d'évaluation sont encore souvent purement comptables et financiers.

Ajoutez à cela le fait que dans les organisations complexes, les salariés ne peuvent pas discerner clairement les raisons d'un échec et leur part de responsabilité. La culpabilité, la peur d'être incompétent, de ne pas être à la hauteur rendent le travail souvent anxiogène, avec tous les risques de stress, maladies psychiques ou physiques, dépression, voire suicide. Le manque de reconnaissance des efforts fournis, le déni même de la souffrance peuvent entraîner parfois bien des déceptions, bien des découragements, jusqu'au désespoir, quelquefois, comme en témoignent certains événements de l'actualité récente à l'EDF ou chez Renault.

Le regard sur le travail en Asie

« Travaillez sans relâche comme si vous ne deviez jamais atteindre le but. »
CONFUCIUS

À chacun son rôle dans la société

Les Asiatiques, dès leur plus jeune âge, savent qu'ils ont un rôle à jouer dans la famille, puis dans la société. Éduqués dans le respect de l'autorité et dans la persévérance des efforts à fournir, ils sont conscients du lien nécessaire qu'ils entretiennent avec les autres, comme le maillon indispensable d'une chaîne qui se construit à l'infini. Ce rôle s'accomplit à travers un travail quel qu'il soit, intellectuel ou manuel, et des efforts pour parvenir à ce sentiment d'utilité que chacun éprouve vis-à-vis de sa famille, puis de sa communauté.

La vie nous a été donnée pour être « utile » à la société. Il ne suffit pas de naître et d'« être », encore faut-il apporter sa pierre en progressant un peu tous les jours. L'investissement individuel contribue à l'œuvre commune et collective pour apporter à chacun et à tous la prospérité. Cette « prospérité » est souhaitée à tous en ces termes, dès le premier jour de toute nouvelle année.

Les Asiatiques des pays à influence chinoise croient aux cinq valeurs précieuses : bonheur, prospérité, longévité, double bonheur (lorsqu'il y a mariage) et richesse. Ils se les souhaitent mutuellement, car le bonheur, ou la prospérité, vécu par l'un d'entre eux sera répandu sur toute la communauté. Croyant profondément aux symboles, les Chinois offrent ou s'offrent des calamondins ou orangers d'appartement comme promesse de « prospérité et de richesse » pour la nouvelle année.

La tradition chinoise du ravioli ou *jiaozi*

Connaissez-vous la tradition chinoise de manger des raviolis ou *jiaozi* au réveillon et au jour de l'an ? *Jiaozi* signifie la relève des années. Depuis l'Antiquité, les raviolis sont restés populaires. Sous forme de demi-lune légèrement bombée, ils évoquent le *yuanbao,* lingot d'argent de cinquante onces. Les consommer permet donc d'accueillir la fortune et la richesse lors de la nouvelle année. En fonction du *jiaozi* que l'on mangera, des bienfaits nous seront apportés.

Les Asiatiques déploient tous les moyens possibles pour évoquer et attirer la chance de leur côté afin que la prospérité franchisse le seuil de leur maison.

Le travail et les valeurs confucéennes

Des chercheurs occidentaux ont analysé les raisons qui ont contribué au succès du développement économique des « quatre dragons », que sont Hongkong, Singapour, la Corée du Sud et Taiwan. L'éthique du travail de leurs habitants comme valeur essentielle a été avancée pour comprendre leur participation au développement et à la croissance économique de leur pays.

Il y existe en effet une conscience sociale commune qui porte les travailleurs de ces pays vers un même objectif : s'enrichir afin d'en faire profiter toute la société. Il faut travailler ensemble pour permettre au pays d'atteindre le développement économique, donc la prospérité souhaitée et préconisée par l'État, afin de se la partager. L'éthique du

Groupe Eyrolles

travail peut être également rapprochée de la cohésion et de la loyauté familiales. À l'harmonie familiale correspond l'harmonie économique, donc sociale. Le travail ou le devoir de chacun à remplir ses obligations permet à l'entreprise d'atteindre ses objectifs de croissance. Ce sens de « socialité » par les efforts rattache solidement tous les membres de l'entreprise en une famille symbolique.

L'intérêt collectif de l'entreprise prime sur l'intérêt individuel, encourageant la loyauté et le dévouement des employés, ainsi que le respect de l'autorité et des hiérarchies. En Asie, et surtout au Japon, faire grève signifie montrer ouvertement et publiquement son désaccord avec l'autorité. Situation impensable puisque celui qui refuse de venir travailler est publiquement désigné responsable de faire perdre de l'argent à son entreprise. Il est du devoir de chacun que l'entreprise ne perde pas « sa face » vis-à-vis des concurrents. L'éthique confucéenne est la base même de l'harmonisation au sein de l'entreprise, donc de celle de la société tout entière.

Pour ces raisons, en Corée du Sud ou au Japon par exemple, un chef d'entreprise accusé d'une faute grave prend plutôt la décision de se suicider que d'être confronté à ladite faute. Il supprime ainsi la cause de ce qui aurait pu ternir l'image de son entreprise, de sa famille ou de ses amis. Cette attitude est moins marquée en Chine.

À la valeur attachée au travail, s'en ajoutent d'autres, telles que l'amélioration de soi par l'apprentissage progressif et permanent, et la frugalité par l'épargne.

Connaissez-vous la tontine ?

La tontine est un système de mise de fonds en commun et de prêt d'argent qui a toujours existé, pas seulement en Asie, mais également en Afrique. C'est en Asie, paraît-il, que l'origine en est la plus lointaine : au Japon, c'est le *kou*, apparu vers le XIIe ou XIIIe siècle, et en Corée, le *kye*, ou tontine coréenne, qui daterait du IXe siècle. Elle existe en France depuis 1653. Pour la petite histoire, c'est un banquier italien (Lorenzo Tonti) qui, pour le compte de Mazarin, initia ce principe.

Ces tontines s'étaient créées au départ comme des sociétés d'entraide « entre amis », certainement sous l'influence des valeurs bouddhiques de partage et de compassion. Quelle que soit leur date d'établissement, elles existent toujours, avec des variantes, d'un pays asiatique à l'autre. Si vous avez besoin d'argent, vous pouvez toujours essayer de trouver une tontine dans le XIIIe arrondissement de Paris. Seulement, il faut y être introduit et recommandé par un membre. Vous avez besoin d'être coopté.

Un groupe de personnes, se connaissant de longue date ou étant recommandées, mettent en commun une somme d'argent sous l'impulsion d'un initiateur. Chacun à tour de rôle peut disposer de cette somme, en fonction de l'urgence de ses besoins, mais c'est souvent l'initiateur qui en profitera dès le premier tour. Il devient donc le débiteur des autres participants. La tontine fonctionnant pendant un cycle de 12 mois par exemple, il pourra progressivement les rembourser.

À chaque réunion fixée selon un calendrier déterminé d'avance, les autres membres peuvent disposer de la somme commune en fonction de leurs besoins, et parfois d'un tirage au sort. Cette forme de tontine est plutôt considérée comme une tontine d'épargne. Il existe des tontines d'entraide familiale, pour faire face à des dépenses imprévues, soit en espèces, soit en nature, ou encore, à la campagne, en heures de travail dans les champs.

Le réseau des relations

Le tissu économique des pays asiatiques se compose, pour l'essentiel, de petites entreprises familiales. Grâce aux principes confucéens transmis depuis des générations sur le respect de la hiérarchie et des obligations, les Asiatiques croient en la valeur du travail. C'est par le travail que passe la réussite qui, à son tour, apporte la richesse. Tout travailleur qui se respecte peut prétendre un jour accéder à la richesse et à la renommée : c'est donc grâce au temps, à l'effort et à l'abnégation conjugués que se conduit l'homme de bien, sur le modèle confucéen.

La réussite ouvre également des portes à celui qui a pu tisser habilement un réseau de relations, sachant qu'elles pourront lui servir un jour, pour lui-même ou pour l'un des membres de sa famille : c'est le système du *guanxi*, en Chine comme en Corée, à Singapour, à Taiwan et au Vietnam. Il est nécessaire, et toujours utile, de tisser des liens et de les maintenir selon un code bien défini. Ce système renforce les rapports et les relations entre personnes de statut social et de profession différents et entretient cette cohésion sociale indispensable à l'harmonie du groupe.

Le *guanxi*

Le *guanxi* (ou réseau de relations) peut être défini comme « *la capacité de connexion aux autres êtres humains* », selon laquelle les relations entre personnes entraînent toute une suite d'obligations suivies de faveurs réciproques. C'est un principe de vie fondé sur la confiance et la loyauté dans les relations. C'est la base essentielle de toute négociation d'affaires.

L'objectif le plus important en Orient est de ne pas faire de vagues dans l'océan de la vie. La personne qui fait éclater la vérité aux dépens de l'apparence est bannie car fautrice de troubles.

En Occident, vive la consommation !

Le signe d'une société en bonne santé

La consommation est le signe d'une société en bonne santé, dans laquelle le revenu moyen des citoyens est suffisamment élevé pour satisfaire leurs besoins essentiels – alimentation, logement, éducation, santé – et aussi leurs dépenses superflues. Chacun accumule des biens d'abord parce qu'ils lui facilitent la vie : machines à laver, hi-fi, ordinateur, téléphones portables… autant de victoire contre le temps, la fatigue, l'ennui. Mais aussi par plaisir ou recherche de reconnaissance sociale.

La vitalité économique de notre ère, c'est l'objet « consommable ». N'étant pas fabriqué pour durer, il s'use. Il faut le jeter et le renouveler. Souvent, il serait possible de faire des objets plus résistants. Mais leur coût et leur durée de vie étant plus élevés, cela nuirait à la consommation. Les ardents défenseurs de la « société de consommation » plaident pour le superflu, le gaspillage, l'éphémère comme des moteurs de l'initiative, de l'innovation, de la croissance. La quête du superflu serait l'une des caractéristiques de l'homme, non limité dans ses attentes, besoins, envies et aspirations.

Alors que dire de la mondialisation de l'économie qui met à la portée des Occidentaux des produits de plus en plus sophistiqués pour des prix de moins en moins élevés ? La diversité des produits est toujours plus séduisante, les traditions artisanales, modes, mœurs et coutumes traversant les continents à la vitesse de l'Internet. La consommation est un vecteur incontestable des civilisations interculturelles, ouvrant bien souvent de nouveaux débouchés économiques à certains pays, stimulant la compétitivité pour le plus grand bien des consommateurs.

L'origine du mot dollar

La première monnaie internationale des temps modernes nous vient de Vienne. En 1750, Marie-Thérèse de Habsbourg fait frapper un *thaler* à son effigie. L'or vient des monts métallifères de Bohême. Le Maria Theresien Thaler (MTT) va très vite devenir une monnaie internationale très prisée dans les colonies espagnoles et anglaises d'Amérique, et jusqu'en Afrique orientale. Après la mort de la souveraine, le MTT continue d'être frappé jusqu'en 1960. Le mot « dollar » est une déformation de *thaler*, le MTT ayant été la première monnaie utilisée par les planteurs d'Amérique du nord. L'actuel dollar américain en est le véritable continuateur. Il en tient son prestige.

Société de consommation, les dérives : un moyen pris pour la fin

« L'argent ne fait pas le bonheur », enseigne l'adage populaire… *« mais il y contribue »*, répliquent certains. L'argent n'est pas une fin en soi, il est seulement un moyen. La recherche psychologique récente illustre cette maxime, allant même jusqu'à démontrer que la poursuite exclusive de la richesse génère une baisse du baromètre « bonheur ».

Bien sûr, les individus sont plus heureux s'ils vivent dans des pays riches plutôt que pauvres. Mais une fois les besoins de base satisfaits – nourriture, toit, vêtement, éducation -, l'argent n'a pas le pouvoir de donner le bonheur. Croissance économique nationale, augmentations de revenus personnels ne font qu'améliorer l'aisance matérielle.

Comment la culture de la consommation produit-elle moins de bien-être personnel ? Selon les études sociologiques, les hommes qui mettent l'argent en priorité de vie font moins d'expériences aux émotions plaisantes, et ce quels que soient leur âge ou nationalité. Ils sont plus sujets à la dépression et à l'anxiété. La lutte pour la richesse nuirait même aux relations sociales en favorisant des comportements non écologiques.

Serait-ce pour cela qu'une partie de l'Occident est le théâtre d'une prise de conscience ? De plus en plus de personnes essaient de gagner du temps libre pour eux plutôt que d'acquérir toujours plus de biens. Le temps semble une valeur prioritaire, aujourd'hui plébiscitée pour donner du sens à sa vie, accéder au bonheur.

Les illusions de masse

Les biens ont perdu leur valeur d'usage au profit de leur valeur d'échange. La société de consommation se caractérise par une nouvelle

Groupe Eyrolles

forme de fétichisme qui contribue à « chosifier » les individus. On achète dans une logique de consommation ostentatoire. L'objet devient fétiche, possédé pour satisfaire non pas des besoins économiques mais des besoins sociaux de prestige, de distinction, de discrimination positive. J'existe si je porte des Nike, si j'habille ma fille en Catimini, si j'écris avec un Mont Blanc.

Le lien humain peut alors être déformé. L'échange économique se fait selon le mode de l'équivalence des valeurs marchandes. L'échange symbolique entre deux êtres, non. Instaurant des codes déterminants pour acheter, la mode risque de conditionner les relations humaines. Mes amis me ressemblent socialement, ils achètent les mêmes marques de vêtements, habitent le même quartier, écoutent la même musique. La société de consommation modèle les esprits à l'inverse d'une culture de la diversité, condition de l'amitié au sens noble, amour de mutuelle bienveillance. Le film de Patrice Leconte, *Mon meilleur ami*, est une illustration vivante de ce qui peut se nouer entre deux personnes de niveau social différent.

Autre illusion, celle d'une nature humaine aux besoins universels. Ce qu'il faut aux gens pour vivre, leurs besoins naturels, sont en fait les besoins du système. Ils entretiennent l'idée qu'en deçà de tel seuil de consommation (bien au-delà du strict nécessaire), point de salut.

Enfin, la communication n'est pas épargnée. La société de consommation fonde son action en grande partie sur la publicité, communication médiatique. Or elle est une parole sans réponse, aux antipodes de la réciprocité que nécessite l'échange symbolique entre deux personnes. « *Le pouvoir est à celui qui peut donner et à qui il ne peut être répondu.* » Phrase choc du sociologue Jean Baudrillard. La communication risque de ne plus être ce lieu du don réciproque des personnes, à égalité. Elle devient prise de pouvoir, modélisation passive vers un conformisme qui sert les intérêts de la consommation.

L'attachement personnel à l'argent

En Occident, la relation à l'argent est à ausculter avec vigilance. On examine volontiers l'usage qui en est fait. Certains font des dépenses mesurées, cohérentes avec leurs avoirs, et savent respecter les biens en leur possession. D'autres se laissent aller à des excès, ils gaspillent ou maltraitent leur environnement matériel.

Le rapport à l'argent est très lié à la dette que nous estimons avoir avec la vie. Il nous parle de notre affectivité. Entre avarice et toxicomanie de l'argent, l'Occident nous offre toute une gamme de vulnérabilités.

Devenir acheteur compulsif, acheter tout et n'importe quoi, dépenser sans se contrôler jusqu'à parfois ne plus être capable de faire face à ses engagements. Dépenser pour soi apaise le stress, la déprime. Accumuler les biens peut être une façon de combler un vide, comme une boulimie de nourriture. Comme un doudou pour l'enfant, il apporte alors réconfort et sécurité, permettant de compenser une frustration affective.

Une relation compulsive à l'argent vient souvent d'une difficulté à s'extraire de l'enfance. Ce besoin de dépenser peut venir d'une faille affective, d'un besoin de revalorisation vis-à-vis de ses parents, d'une peur de ne pas être aimé. L'argent peut alors servir à acheter l'affection de son entourage en offrant des cadeaux à profusion. On nourrit l'affectivité des autres pour calmer son angoisse.

Il semble même que l'attachement excessif aux biens matériels puisse conduire au déséquilibre mental. En nous volant du temps sur d'autres situations favorisant plus le bonheur – partager du temps avec sa famille ou avec des amis. En nous orientant sur des buts extrinsèques – possessions, image, statut, prix, gloire. La consommation ne permet pas d'éprouver de vraies satisfactions affectives. Elle ne cultive pas notre « intérieur », nous laissant souvent sur des frustrations. Un achat en appelle un autre, ouvrant le désir humain, par nature illimité, à une réalité très limitée. Il vaut mieux privilégier les « buts intrinsèques »,

Groupe Eyrolles

comme les activités d'épanouissement personnel, ou même le contact avec la communauté. Ceux-là seuls peuvent nourrir notre « intimité ».

En incitant à chercher à satisfaire des attentes irréalistes, illusoires par rapport à ce que des biens matériels peuvent apporter à la vie, à l'autonomie, au bonheur, aux relations humaines, n'est-ce pas un leurre de faire croire que l'acquisition de biens peut changer notre vie, comme cet homme qui souhaitait désespérément acquérir une piscine afin d'améliorer sa relation avec sa fille ? Chez certaines personnes, les valeurs de la consommation entrent en conflit avec d'autres valeurs : gratuité, beauté, générosité, héritage d'une qualité d'éducation familiale, artistique ou communautaire. Cette collusion des valeurs génère un stress encore plus important chez elles lorsqu'elles veulent être cohérentes avec elles-mêmes.

Consommation ostentatoire ou émulation, en Asie

Les signes extérieurs de richesse

Avec l'accroissement de leur pouvoir d'achat, les consommateurs asiatiques veulent montrer qu'ils ont de l'argent et qu'ils peuvent accéder à l'achat de produits exclusifs réservés jusqu'ici aux « riches ». Y a-t-il un lien entre argent et consommation ? Les signes extérieurs de richesse parfois trop visibles (voitures de luxe, par exemple) que vous pouvez apercevoir lors de vos séjours à Hongkong ou à Shanghai n'attirent pas la jalousie, mais plutôt l'admiration. Ceux qui ne les possèdent pas encore se disent qu'ils peuvent eux aussi un jour accéder à ces produits de luxe. Comment ? À force de travail et d'efforts. Ceux qui ont réussi servent d'exemple à toute la communauté. Les réussites individuelles sont utiles à la prospérité collective.

D'où vient donc cette conviction profonde que, par la permanence des efforts et l'éthique du travail, ceux qui ne possèdent rien ou presque aujourd'hui peuvent être riches un jour ? Est-ce la croyance bouddhique qui enseigne que l'homme est seul responsable de son « salut » présent et futur ? Ou les principes confucéens qui induisent dans la conscience collective que tout se mérite et que rien n'est donné ? Ou le choix taoïste de la vertu et du dépassement de soi ?

Un exemple flagrant est donné par la Chine qui a toujours refusé l'influence occidentale. Elle est en train de remplacer ses principes confucéens basés sur la famille et le travail pour épouser une nouvelle culture matérielle. Les consommateurs des produits symbolisant l'estime de soi obéissent-ils à des effets de mode ou veulent-ils inconsciemment servir d'exemples à suivre, selon les modes d'enseignement classique chinois. Toute réussite peut-elle être copiée et répétée ?

À Hongkong, à Taipei ou à Shanghai, les femmes ne se sentent élégantes que dans du Jean-Paul Gaultier, Prada, Dior, Chanel. Ces *tai-tai*, femmes d'hommes d'affaires riches, ne jurent que par les plus belles marques occidentales griffées ou à la mode. Elles s'offrent ou se font offrir les plus belles marques de montres, d'accessoires, pour montrer qu'elles sont riches. Il s'agit toujours de se « montrer » riches.

Nous sommes davantage ici dans un monde d'affairisme et d'opportunisme que d'efforts laborieux transmis de génération en génération, selon les principes confucéens.

Les hommes, eux, tentent de suivre la tendance de la mode « dernier cri » et n'hésitent pas à arborer de l'Hugo Boss, du Versace ou de l'Armani. Parfois peut-être, des copies mais qu'importe ! Bien sûr, ils roulent en Audi, Ferrari ou Mercedes. En Asie dans son ensemble, le paraître est tellement fort qu'il faut montrer ce que l'on possède. C'est l'image des possessions matérielles qui va se projeter sur soi.

Consommation et appartenance sociale

Puisque l'individu est fondu dans la masse et la collectivité, et n'existe que par le groupe, il ne peut « s'individualiser » que par la renommée qu'il projette sur le groupe. Dans ce cas, il devient le symbole de la réussite qu'il partagera d'abord avec sa famille, ensuite avec la communauté. L'essentiel est de paraître riche. L'objectif n'est pas seulement d'être riche, mais de faire croire qu'on est riche, avec toutes les possessions matérielles qu'on peut montrer ou arborer sur soi.

Elles permettent aux détenteurs de sortir du lot. Ceux-ci émergent de la masse et sont plus admirés qu'enviés en Asie. Le fait de pouvoir « acheter » du rêve, de la beauté vous fixe dans une échelle sociale où il n'est possible d'accéder que par les moyens financiers disponibles.

Le paraître va renforcer le « capital facial », plus essentiel que le capital monétaire. La renommée, « face », que l'individu accumule lui permet d'en faire profiter sa famille nucléaire. Elle contribue aussi au respect que la société porte sur cette famille dans le présent et également sur les générations futures. Elle peut également, pour les individus qui ont le plus de « face » grâce à des largesses monétaires distribuées à leur entourage, leur offrir une notoriété qui restera après leur mort.

Consommation et pouvoir

L'argent peut-il tout acheter ? Derrière le « tout », on peut comprendre les faveurs des « grands », politiciens ou personnes influentes, pouvant aider à grimper l'échelle sociale. Ces faveurs ne sont pas obtenues seulement pour l'individu, mais également pour les membres de sa famille. Le pouvoir une fois obtenu peut s'étendre au clan. Le retour de ces faveurs est certes attendu de la part de celui qui a fourni un service, pas nécessairement dans l'immédiat, pour lui, mais peut-être transmis aux générations futures. C'est en quelque sort un investissement et un retour sur investissement à long terme.

L'argent permet également aux plus riches d'être « reconnus » socialement à travers les dons et les largesses monétaires. La participation financière pour la construction des routes, des écoles, des temples contribue à accumuler le capital facial dont la reconnaissance se transmet au-delà de la mort. Le nom du bienfaiteur sur ces édifices signifie à tous sa bienveillance à l'égard de la société : cette générosité a un but bien précis qui prépare l'avenir de celui qui donne.

Groupe Eyrolles

Ses bonnes actions vont préparer son *karma* pour ses vies futures, et également celui de ses enfants. Ces dons portent l'espoir que les mérites seront reversés sur les enfants qui pourront ainsi avoir une vie meilleure.

> *« Après la mort, ne pas être oublié, c'est la longévité. »*
> LAO-TSEU

À l'opposé de l'Occidental, l'Asiatique, plus pragmatique, envisage la mort non seulement comme une « légère interruption d'un processus », mais voit au-delà de sa mort physique. Il doit alors se préparer pour l'héritage moral ou les mérites qu'il léguera à la société et à ses proches. Ce système vacille actuellement. En Corée par exemple, ce qui permettait l'accumulation de capital au sein d'une famille et sa transmission vole en éclat du fait des divorces, de la baisse de la natalité, de la modification de l'espace-temps des Coréens.

Concernant l'accumulation de richesses en Chine, elle est acceptée lorsqu'elle a été faite dans des limites établies par des siècles d'éducation. Si toutefois les limites sont franchies, soit par le vol pur et simple, soit par le refus de toute forme de redistribution, par une pression qui dépassera ce qu'on appelle le fameux « point de rupture » la révolte se produira. C'est ce que l'Empereur considérait comme la fin des équilibres entre les éléments. Il suffit d'observer dans les provinces chinoises les raisons qui poussent aujourd'hui des millions de mécontents à se rebeller contre le pouvoir.

La culture du mah-jong

« Il est écrit dans l'ordre cosmique et dans l'esprit du joueur que c'est justement parce que la fatalité est imprévisible qu'elle peut réserver des revirements de situation. La cosmogonie chinoise même rend le Chinois plus vulnérable au message insidieux, tentateur et extrêmement efficace : "Un jour, ce sera ton tour." Il est sans doute possible de corriger par la démonstration certaines superstitions liées aux facteurs que le joueur croit "déclencheurs" de chance (température propice, croupier sympathique, table "chanceuse", rencontre d'une personne "porte-bonheur", etc.), mais cette notion de "min", de "grand bonheur" imprévisible, qui ne relève pas de la logique mais d'une cosmogonie, sera certainement plus difficile à remettre en question. » Extrait de *La culture insolente du mah-jong*, d'Élizabeth Papineau

Éduquez les enfants à l'argent

1. Donnez le sens du réel, ouvrez l'accès au rêve, sortez de l'affectif.

2. Évitez de pontifier sur la vie chère, sur l'obligation de travailler pour gagner de l'argent.

3. Apprenez aux enfants la valeur de l'argent : chiffrez le prix du pain, de la viande, des légumes, des vêtements. Donnez, par exemple, une idée du budget que représentent les fournitures scolaires pour la rentrée des classes.

4. Éduquez leur désir en leur apprenant à réfléchir avant de dépenser leur argent de poche.

5. Le concret, le réalisme n'empêche pas de rêver. Il suffira de parler avec des « si », d'apprendre aux enfants à rêver dans la perspective de l'achat rêvé, la voiture téléguidée, le téléphone portable ou le baladeur MP3. Parfois, l'enfant constate que, le temps des économies, son rêve peut s'user. Il avait envie de cela, il a envie d'autre chose désormais. En temporisant avec son argent, il découvre qu'il peut être maître du pouvoir que celui-ci donne.

Mots clés

En Occident _____   _____ **En Asie**

En Occident	En Asie
Monnaie	Richesse
Banque	Face
Bénédiction	Réputation
Travail	Travail
Épargne	Effort
Reconnaissance sociale	Rôle social
Rêve	Pouvoir
Consommation	Consommation
Prodigalité	Réussite

Chapitre 9

La société

« Vers l'Orient compliqué, je partais avec des idées simples. »
Charles de Gaule

À Tokyo

Tokyo, 8 heures du matin… Arnaud hésite à monter dans le métro tant la foule est dense. Deux mains puissantes le poussent dans la rame. Heureusement, il est grand et peut respirer malgré la cohue. On lui a dit qu'il y avait cinq stations pour arriver à destination. Inquiet, il les compte. À la sortie du métro, quelqu'un l'attend. Il regarde autour de lui. Il est le seul Occidental sur le trottoir. Un homme s'approche, « Marin San ? » et le conduit sans un mot.

Yoko, l'assistante du directeur lui fait l'honneur des lieux. Ici, travaillent les designers. Arnaud découvre une dizaine de personnes courbées sur leur planche à dessin. La pièce est longue, lumineuse. Aucune tête ne se lève à leur entrée. Où est le bureau du directeur, se demande Arnaud. Yoko, fine observatrice, note son étonnement et précise qu'ici tous partagent le même espace sans distinction de hiérarchie. « Gen-san est notre supérieur, nous lui devons respect et loyauté. Il est diplômé de l'université de Tokyo. » *Elle se dirige alors vers un bureau semblable aux autres, s'incline avec déférence, les mains sur sa jupe bleu marine, devant un monsieur qui semble le plus âgé :* « Gen-san, voici notre invité. »

J'aimerais que ma secrétaire s'incline ainsi, se dit Arnaud, amusé... Pourquoi le directeur n'a-t-il pas son propre bureau, comment avoir une conversation privée, qui surveille qui ? Arnaud osera-t-il poser les questions qui lui brûlent les lèvres ? Gen-san se lève, lui tend la main avec un mouvement de tête : « Marin San, je suis très honoré que vous ayez choisi notre entreprise de porcelaine, elle est minuscule, comparée à d'autres. »

« Oui, mais vous avez des dessins qui sont uniques », *réplique Arnaud. Le directeur l'invite à le suivre dans une autre pièce moins éclairée, sans décoration, avec des fauteuils et même des tatamis. C'est la pièce à thé. Ils s'installent confortablement. Le Japonais questionne Arnaud sur sa famille, veut savoir s'il est marié, s'il a des enfants. Quelqu'un frappe à la porte, c'est Yoko. Elle entre et se dirige vers une table où sont posées théière et tasses. Elle les sert et sort discrètement.*

Se sentant en confiance, Arnaud se lance : « Quelques-uns de vos collaborateurs ont des brassards au bras, ils semblent avoir à peu près le même âge, est-ce un signe de performance, ont-ils mieux travaillé que les autres ? » *Gen-san invite Arnaud à boire le thé, réfléchit un long moment, explique :* « Hier, nous avons eu une réunion avec mes employés. Je souhaitais introduire un nouveau logiciel pour améliorer le travail des artistes. Les plus âgés ne sont pas d'accord. Ils sont quand même venus travailler et par ce signe, ils montrent leur désapprobation. »

Après ce moment de pause, les deux hommes poursuivent la visite, s'arrêtent à l'atelier de fabrication, des précisions viennent satisfaire la curiosité d'Arnaud. En le raccompagnant, Gen-san demande : « Appréciez-vous la cuisine japonaise... ? Nous viendrons vous chercher ce soir à sept heures à votre hôtel. »

Groupe Eyrolles

Qui donc va accompagner le directeur ? Sa femme, Yoko, le chef de fabrication ? Ces questions en tête, Arnaud descend à la réception. Surpris, il aperçoit Gen-san entouré de ses collaborateurs les plus âgés. Ce sera une soirée entre hommes, alors ! Les présentations faites, tous se dirigent vers le quartier des restaurants. Arnaud et le directeur marchent l'un à côté de l'autre. Les quatre collaborateurs suivent, un peu en retrait. Ils s'arrêtent devant un de ces petits restaurants dont la tenture en tissu bleu et blanc cache l'entrée. Nuage de fumée épicée, grésillement de friture, cadence répétée de coups de couteau, conversation animée. Le groupe salue les chefs cuisiniers qui se trouvent derrière de longs comptoirs et s'installent.

Seul étranger de toute la salle, Arnaud se sent privilégié. Regardant aux alentours, il remarque en face trois jeunes gens curieusement accoutrés, habits noirs, cheveux bleus, rouges, piercing aux oreilles. Gen-san observe son invité depuis un moment et chuchote : « Ce sont des shinjinrui, de jeunes rebelles, ils ne savent plus quoi inventer pour se faire remarquer. Ils se conduisent comme de vrais gamins. Nous, adultes, sommes appelés des shakaijin. Nous sommes responsables de notre famille, du travail, de notre entreprise. »

Tradition et modernité en Occident

Honte de nos origines ?

Dans son livre *Non à la société dépressive*, Tony Anatrella souligne la honte que les Occidentaux ont parfois de leurs racines judéo-chrétiennes. L'Occident n'a pas toujours été capable de vivre ses valeurs religieuses qui donnaient un sens à l'homme et à la société. Aujourd'hui, certains vivent leurs racines dans la culpabilité, ils se complaisent dans l'auto-agression, cassant le lien durable avec soi, avec les autres, avec la société. Rejetant leur histoire, ils valorisent l'instant présent, le futur restant opaque à cause de leur culpabilité.

Pourtant, la civilisation occidentale a hérité de la religion juive, puis chrétienne, cette vision de la personne humaine comme unique, singulière, d'une valeur inestimable. Aucune autre culture n'était parvenue à formuler le mystère de l'homme avec autant de force. L'empreinte dans les mentalités occidentales est durable : l'individu n'est et ne sera jamais soumis au groupe au point d'être dépossédé de sa personnalité. Il est un membre du groupe, en interaction avec lui, mais celui-ci ne décide jamais pour lui, contrairement aux civilisations fondées sur le clan, la tribu, le réseau.

L'Occident aurait-il un devoir de mémoire ? Ne s'est-il pas constitué en grande partie en s'appuyant sur l'Église, capable d'unifier les tribus, clans, ethnies autour de normes universelles, sources du droit et débouchant sur la création de nations ? La France, par exemple, doit son unité en partie au baptême de Clovis qui, avec l'appui du clergé, assit durablement son autorité sur les populations gallo-romaines et catholiques qu'il dominait.

Jusqu'à la Révolution française de 1789, le pouvoir spirituel a été un allié puissant du pouvoir politique, un puissant catalyseur pour donner aux hommes le goût de la pacification, de l'unité, du progrès de l'humanité. Écoles, hôpitaux, recherches intellectuelles ont été des initiatives ecclésiastiques, les rois et reines s'occupant alors plus de politique extérieure, de problèmes économiques et de sécurité nationale.

1789, l'explosion démocratique

À partir du XVIIIe siècle, sous l'influence de l'âge des Lumières, le cadre de référence des hommes changea progressivement.

Qu'est-ce que l'âge des Lumières ?

Au XVIIIe siècle, un mouvement de renouveau culturel se développa en Europe du Nord, en France et aux États-Unis. Les philosophes posèrent toutes les idées pré-démocratiques :

renouvellement de l'éthique, de l'esthétique, savoir fondé sur la « raison éclairée » de l'homme. Les intellectuels, écrivains, artistes formèrent des élites courageuses, œuvrant pour le progrès du monde, aidant les hommes à dépasser des siècles d'irrationalité, de superstition et de tyrannie. Ce mouvement intellectuel posa les bases des révolutions américaine et française ainsi que de la montée du capitalisme.

Avant 1789, la société est féodale, structurée autour de hiérarchies sociales strictes, de valeurs et de normes d'inspiration « divine », considérées comme supérieures aux normes humaines. La Révolution française rompt avec ce modèle culturel, insistant désormais sur la laïcité des institutions et l'égalité des citoyens. Elle est perçue, en Occident, comme un événement historique majeur qui enflamma de nombreux pays alentours et devint un modèle des démocraties modernes. Depuis, la démocratie est indissociable de la lutte contre les discriminations et de la stricte séparation des pouvoirs politique et spirituel.

L'attitude patriotique

Malgré cette rupture, des hiérarchies continuent à s'imposer. Née du renversement de la royauté et de l'aristocratie, ainsi que de la révolte contre l'Église, la démocratie impose ses valeurs inspirées par un idéal républicain exigeant. Laïque, cette « morale » n'en reste pas moins rigoureuse. Ne maintiendrait-elle pas, à son insu, un fort caractère « sacré », celui du devoir ? Elle a, en tout cas, conduit des générations à mourir pour leur patrie.

Cette attitude défend avec force des vérités exaltantes. Point d'appui pour les gouvernants, elle justifie leur pouvoir au service de grands idéaux. Elle sécurise, en même temps, les plus fragiles, qui ont besoin de points de repère stables. Elle gomme cependant les différences entre les hommes, n'étant l'alliée ni de la diversité, ni de la créativité, ni de l'autonomie. Elle présente des obligations auxquelles se conformer, elle entretient des dépendances entre ceux qui possèdent « la vérité » et la masse des gens appelés à suivre sans contester, voire à se sacrifier.

Cette phase austère, héroïque, sacrificielle des nations modernes a permis d'ancrer l'idéal démocratique jusqu'au cœur des peuples. Malgré les soubresauts des totalitarismes du XXe siècle – nazisme, communisme, fascisme – elle est restée un modèle de développement des sociétés, porté par la volonté des gouvernants et la maturité des citoyens. Pourtant, aujourd'hui, l'idéal républicain ne fait plus recette. Il semble même désuet, balayé par de nouveaux cadres de référence, de nouveaux modes de penser et d'agir.

1968, l'âge de l'émancipation

À partir des années 1970, apparaît une nouvelle vague de changements. Prenant le contre-pied du mythe de l'excellence, instaurant un projet social marqué par l'égalisation absolue des valeurs, des chances et des conditions, une nouvelle éthique se dessine.

En mai 1968, la France est le théâtre d'un important mouvement d'étudiants, largement partagé par plusieurs pays occidentaux. En Allemagne, la contestation débute simultanément des deux côtés du rideau de fer. Aux États-Unis, des manifestations s'organisent contre la guerre du Vietnam, pendant que les campus universitaires s'insurgent contre la politique éducative. Des pays d'Europe de l'Est comme la Tchécoslovaquie et la Pologne sont aussi touchés.

La parole « se libère » de toute part : dialogues spontanés dans les rues, débats publics jour et nuit dans les cafés. Enthousiasmé, catastrophé, dubitatif, méditatif, chacun selon sa sensibilité participe : syndicalistes, ménagères, étudiants de gauche, jeunes de quartier chic, lycéens de banlieue, artistes, professeurs, conseillers municipaux, cadres d'entreprise.

La jeunesse, en particulier, essaye d'en finir avec toute hiérarchie perçue comme répressive, qu'elle soit religieuse ou laïque. Elle revendique une libération des normes morales, religieuses, juridiques, pour laisser place à des valeurs d'authenticité, chacun ayant la liberté d'être soi-même. L'important est d'échapper à la morale bourgeoise avec ses valeurs d'effort, de mérite, de devoir, de normes transcendant les individus.

« Il est interdit d'interdire »

Ce slogan fait recette. L'essentiel devient la relation de soi à soi, la recherche d'un moi toujours plus authentique grâce à des pratiques capables de frayer une voie vers « le soi ». Jogging, thérapies inédites, sagesses orientales permettront de se chercher, de se trouver, d'être bien dans sa peau, bien dans sa tête.

L'accent est mis sur le respect des individus, le droit à la différence, la tolérance. La liberté est souveraine, prioritaire, chaque personne devant trouver « sa » vérité, en dehors des conformismes familiaux, profession-nels, sociaux. « À chacun son chemin », et tous se valent, à égalité. La liberté se nourrit alors à la source de l'intuition, du ressenti, pour per-mettre de rester centré sur soi et déterminer ce qui nous convient.

L'homme devient alors la mesure de toute chose. La vérité n'est plus débattue puisqu'elle est le terme d'une quête uniquement personnelle. Comment trouver un terrain d'entente, s'accorder sur des lois généra-les qui viennent faire obstacle aux libertés individuelles ? Dans tout projet collectif, la liberté des autres contrarie ma liberté.

L'homme plus « libre » n'a-t-il pas perdu les bienfaits de la relation aux autres ? Nous sommes dans une ère d'individualisme maximum, avec son revers qui se nomme solitude, exclusion, dépression, suicide. Chacun essaie de trouver des remèdes de fortune : consumérisme, alcoolisme, dépression, sectes. Avec une efficacité très relative.

L'aurore du XXIe siècle

« Le XXIe siècle sera spirituel ou ne sera pas », disait André Malraux. Le retour au spirituel est largement amorcé, même s'il prend des formes nouvelles. Les confessions religieuses attirent moins ; le sentiment reli-gieux, lui, tend à devenir plus individuel. Chacun pioche dans des

233

croyances diverses ce qui lui convient. Le «Tout Autre» des mono-théismes n'est pas forcément remis en question, mais un autre regard est porté sur la transcendance de Dieu, plus en accord avec le refus de toute autorité.

Le lien social est lui-même en mutation, il s'est largement appauvri. Au travail, les temps improductifs ont été réduits par les contraintes de l'efficacité. Dans les magasins, les échanges se sont également limités à quelques mots. Quant à la vie familiale, elle est souvent envahie par la télévision.

Pourtant, la nature des Occidentaux les porte toujours autant à l'échange et à la rencontre avec les autres. Il y a sans doute urgence à réfléchir sur de nouvelles façons de tisser du lien social en travaillant à changer les comportements. Ne faudrait-il pas stimuler le désir d'altérité, de rencontre de l'autre ?

Qu'est-ce que l'altérité ?

Emmanuel Lévinas tente de sortir l'homme de la solitude, de l'isolement, avec leurs corollaires, désespoir et angoisse. Grâce au lien social, l'homme peut sortir de soi et exister autrement que seul. Il doit accepter de vivre une dépossession de lui-même. Contrairement à l'amour romantique qui implique une confusion entre les deux êtres, la relation d'altérité permet de rester deux identités séparées, l'autre étant absolument autre. La relation conserve chacun intact. En tant qu'autre, l'un ne peut pas être réduit à un objet, il ne peut pas non plus se fondre et disparaître dans un « nous ».

« L'altérité attitude »

En réponse aux maux de l'individualisme, pourquoi ne pas essayer de promouvoir une nouvelle attitude ? Donner un désir d'altérité, cette capacité à se décentrer de soi pour créer les conditions d'une sortie de la solitude. Pour cela, nous devons admettre que la vérité n'est pas uniquement le terme d'une introspection personnelle. Elle est une réalité qui nous dépasse tous.

Les conditions du dialogue seront de nouveau possibles pour permettre à la vérité d'émerger au terme d'un débat, d'une confrontation de points de vue avec les autres. De même, « l'altérité attitude » oriente la liberté de chacun au service de la communauté, et non de son intérêt individuel seulement. Elle pourra alors conduire à former des équipes diversifiées au service d'actions communes.

En ce début de millénaire, l'enjeu est de préserver les progrès de la démocratie. Plus les hommes réfléchiront sur la façon d'ordonner les libertés individuelles au service de la société tout entière, plus la démocratie progressera dans la tolérance, intégrant harmonieusement les différences de races, de classes sociales, de niveau de vie. L'Occident est multiracial et multiconfessionnel. L'« altérité attitude » ne pourrait-elle pas être une réponse à l'émiettement de la société constellée de groupes sociaux en conflit les uns avec les autres ?

Tradition et modernité en Asie

Y avait-il un complexe asiatique ?

L'observation des sociétés actuelles des différents pays d'Asie amène les voyageurs occidentaux à se questionner sur le long chemin parcouru par ces pays depuis la découverte de la Route de la soie, l'Occident allant à la recherche de l'Orient, ou plutôt de l'Extrême-Orient. L'ouest n'attire plus, il faut aller vers l'inconnu, le mystérieux, vers cette partie orientale du monde, au-delà de l'imaginaire.

L'Asie fut découverte, au XVIIIe siècle, par les voyageurs et les marchands européens qui avaient besoin d'espace économique nouveau. Ce furent alors les premiers « expatriés » – pionniers du transfert technique et technologique, nouveaux « porteurs de savoir-faire ». Puis arrivèrent ensuite des missionnaires pour porter la parole de la civilisation occidentale et ouvrir la voie de l'éducation.

Ces peuples avaient eux-mêmes des richesses à offrir, voire à partager. Les inventions et techniques chinoises ont donné à l'Asie et au monde l'imprimerie, la poudre, la boussole, l'horlogerie, sans oublier la médecine traditionnelle par les plantes, toujours en vogue. Ils n'étaient pas seulement des inventeurs, mais également de grands bâtisseurs qui ont laissé des témoignages prestigieux de leur civilisation : la Grande Muraille et la Cité interdite en Chine, le site de Borobudur en Indonésie, les temples d'Angkor, la ville impériale de Hué, les tombes de Koguryo en Corée, l'ancienne ville de Kyoto au Japon pour ne citer que quelques-uns.

D'où venaient alors ces *« grandes peurs »*, pour reprendre la formule de Kipling ? Des Occidentaux qui avaient besoin du soutien de leur gouvernement et de leur armée pour asseoir leur autorité sur les peuples « autochtones » ? Des peuples d'Asie eux-mêmes qui se voyaient « envahis » et perdre peu à peu leur souveraineté en raison de la faiblesse momentanée de leurs souverains ? La vacance d'autorité, autant par la décadence de la dynastie mandchoue des Qing en Chine que par la division du royaume du Vietnam, appelait les étrangers à occuper puis à dominer ces pays. Donc si peurs il y avait, elles cachaient ou suscitaient aussi de « grandes espérances » profitables aux deux côtés, colonisateurs et colonisés.

La colonisation : rencontre ou confrontation des idées

Ces pays d'Asie ont connu, à des degrés divers et d'une façon plus ou moins longue de leur histoire, ce processus de « domination » d'une société sur une autre appelée « colonisation ». Cette occupation ne venait pas seulement de l'extérieur, de l'Occident, mais de l'intérieur ; elle a commencé en Asie même.

La Chine, « Empire du Milieu », a étendu son influence spirituelle au Japon du Ier au IXe siècle, puis au Vietnam entre 111 av. J.-C. et

938 apr. J.-C., en y apportant l'influence du bouddhisme et du confucianisme. Ces principes religieux et philosophiques ont davantage marqué les sociétés japonaise et vietnamienne. Le terrain était favorable parce que les « dominés » partageaient les mêmes idées collectives de groupe social, de respect et d'obédience à l'autorité.

Alors que l'Occident arrivait par la force, avec des canonnières, obligeant la Chine à signer des traités « inégaux ». Comment ne pas oublier cette « humiliation » ? La confrontation des forces armées n'empêchait pas la rencontre des idées ni l'assimilation des principes, méconnus en Asie, de liberté et de démocratie. N'ont-ils pas été moteurs dans les révolutions sociales en Asie ? N'oublions pas que les grands révolutionnaires, comme Ho Chi Minh, ou même Pol Pot, furent formés dans les universités françaises.

En effet, les pays asiatiques étaient gouvernés soit par des empereurs (en Chine, au Japon) soit par des rois (Thaïlande, Cambodge, Laos, Vietnam). L'autorité suprême était symbolisée par ces monarques dont certains (au Japon et en Chine) représentaient les droits célestes sur terre. Ces derniers leur conféraient une légitimité à jouir sans retenue de leur puissance.

Allocution de Jules Ferry, *Journal officiel*, séance du 28 juillet 1885

« Je dis que la politique coloniale de la France, que la politique d'expansion coloniale – celle qui nous a fait aller, sous l'Empire, à Saigon, en Cochinchine… – je dis que cette politique d'expansion coloniale s'est inspirée d'une vérité sur laquelle il faut pourtant appeler un instant votre attention, à savoir qu'une marine comme la nôtre ne peut pas se passer, sur la surface des mers, d'abris solides, de défenses, de centres de ravitaillement […].

Les nations, au temps où nous sommes, ne sont grandes que par l'activité qu'elles développent ; […] Il faut que notre pays se mette à même de faire ce que font tous les autres et, puisque la politique d'expansion coloniale est le mobile général qui emporte à l'heure qu'il est toutes les puissances européennes, il faut en prendre son parti. »

Colonisation ou colonialisme, la mission civilisatrice que les pays occidentaux voulaient apporter à ces pays leur permettait-elle de vouloir corriger l'histoire nationale en imposant aux écoliers des pays du Sud-Est asiatique colonisés ou sous protectorat (Vietnam, Cambodge et Laos) d'apprendre que « leurs ancêtres étaient des Gaulois » ?

En effet, les Européens ont utilisé, voire imposé un système différent de domination, par l'éducation à la fois religieuse et intellectuelle. En Chine comme au Vietnam, le peuple ne pouvait pas accéder à l'éducation puisque celle-ci était basée sur un système sélectif de mandarinat. Recrutés par concours, les lettrés devaient appartenir à l'aristocratie et seuls pouvaient accéder à une carrière administrative, clé de voûte et appui inestimable auprès des monarques chinois et vietnamiens.

Par conséquent, en voulant se reposer sur les couches rurales, exclues du système mandarinal et de tout pouvoir d'encadrement, les missionnaires voulaient « révolutionner » l'ordre sociopolitique existant et apporter une vision d'un monde plus juste. Ce qui facilita également leur travail d'évangélisation : quelques graines révolutionnaires sur les sociétés asiatiques étaient ainsi progressivement déposées. Toutefois, la rencontre des idées de liberté et de justice face aux valeurs traditionnelles de respect à son monarque était perçue différemment d'un pays à l'autre.

Au Japon par exemple, l'ouverture aux idées occidentales répondait certainement à un besoin vital d'acquisition, à moindre coût, des technologies nouvelles, malgré un sens très prononcé de conservation des valeurs traditionnelles. L'élite japonaise avait très tôt compris qu'il fallait s'allier avec les *gaijin*, ou étrangers, afin d'apprendre d'eux ce qu'il était possible d'apprendre, pour ensuite les dépasser.

La Chine, elle, a toujours refusé l'apport culturel occidental : elle n'a pas oublié l'humiliation coloniale en 1840 ni accepté les principes capitalistes et républicains instaurés en 1911. Elle savait qu'elle pouvait un jour prendre sa « revanche » par le développement économique et surpasser l'Occident.

Entre les deux, le Vietnam a su à la fois garder son « âme » traditionnelle et intégrer avec intelligence les valeurs occidentales pour faire croire que les idées venues d'ailleurs étaient les meilleures. Mais, au fond de lui-même, le peuple vietnamien était très conservateur de ses principes confucéens.

L'impact n'était donc pas seulement politique ou économique, mais pesait profondément sur les transformations, à la fois culturelles et administratives, dans certains de ces pays colonisés. Par exemple, au Vietnam, la langue, qui s'écrivait en calligraphie chinoise, a été romanisée en 1657 par un jésuite français Alexandre de Rhodes. Elle est devenue le *quôc ngu*, langue devenue officielle en 1918, sous la pression des colons français visant à déraciner l'influence chinoise de l'intelligentsia locale écrivant en caractère chinois ou *chu nho*.

La révolution culturelle, un rejet des traditions ?

En 1966, la révolution culturelle chinoise lancée par le président Mao Tsé-Tung remit en cause toute hiérarchie. Son objectif était d'abord politique. Mis à l'écart par le parti communiste chinois suite à l'échec de sa politique économique du « Grand Bond en avant », il avait besoin de reconquérir le pouvoir. Le Grand Timonier s'appuyait alors sur la jeunesse chinoise, connue sous le nom de « Gardes rouges » qui semaient le désordre et la destruction en critiquant impitoyablement les intellectuels. C'est en voulant éradiquer les valeurs traditionnelles *« au nom de la supériorité du peuple et de ses droits »* que cette révolution était devenue « culturelle ».

Les élites intellectuelles et tous ceux qui représentaient le savoir et la connaissance étaient dénoncés, et parfois sacrifiés. Les symboles représentant des valeurs aussi bien culturelles que religieuses étaient détruits : livres brûlés, temples bouddhistes saccagés.

Ainsi, par le canal des *dazibaos*, affiches placardées dans les rues pour permettre à tous d'être informés, les jeunes libéraient l'expression politique. Les mouvements contestataires de mai 1968 en France s'inspiraient-ils de la révolution culturelle chinoise ?

De même, en 1973 les Khmers rouges au Cambodge, voulant suivre cette révolution à l'extrême, ont persécuté et tué quelque 1,7 million de personnes.

Ces deux révolutions représentaient un rejet des traditions, considérées alors comme un danger défiant le pouvoir en place.

Démocratisation ou renaissance des valeurs asiatiques

Les idées démocratiques ne datent que du début du XXe avec la république de Chine, née dès le 1er janvier 1912, grâce à la rébellion menée par Sun Yat-Sen pour mettre fin à cinq mille ans de règne impérial. Sa philosophie est basée sur trois principes centrés sur le peuple : le nationalisme, la souveraineté et le bien-être du peuple. Cette première démocratie d'Asie n'a pas duré à cause de l'arrivée du communisme de Mao Tsé-Tung en 1949.

De son côté, dès 1946 le Japon adhère au système parlementaire. Même imposées, les idées démocratiques s'y sont parfaitement implantées. Puisque l'empereur lui-même a accepté ces idées politiques venues d'ailleurs, toute la nation japonaise les a docilement intégrées.

Il faudra ensuite attendre les années 1980 pour qu'apparaisse une deuxième vague démocratique, d'abord aux Philippines, puis en Corée du Sud et à Taiwan. Sous l'influence des échanges économiques avec les pays occidentaux, des vents de liberté ont émergé lentement des classes moyennes. Des élections présidentielles directes y ont été alors organisées. Puis d'autres pays, Singapour, le Cambodge, la Thaïlande, l'Indonésie et la Malaisie ont adopté entre 1990 et 2000 des systèmes politiques démocratiques.

Comment concilier l'exercice des libertés individuelles et les valeurs asiatiques, basées à la fois sur le groupe social sous l'influence du confucianisme et sur des spécificités propres pour faire prévaloir la supériorité de l'Asie sur l'Occident ?

Quelles sont les valeurs asiatiques ? La priorité des besoins de la communauté sur ceux de l'individu, l'attachement à la famille, la primauté des devoirs de tous envers chacun. Goh Chok Tong, Premier ministre singapourien affirmait que *« l'Occident accorde une importance excessive aux droits de l'individu sans les compenser par ses responsabilités et ses obligations. Il s'agit toujours de droits, droits, droits… mais on n'entend jamais parler des responsabilités des individus »*.

Le XXIe siècle : ouverture, progrès, mutation

Les sociétés asiatiques traversent depuis une dizaine d'années une période difficile d'adaptation et de mutation, en raison de la mondialisation et des échanges économiques avec l'Occident.

Les technologies d'information et de communication, l'apport de nouveaux modes de vie et de pensée remettent en question les coutumes traditionnelles chargées d'histoire et de philosophie confucéenne.

De sociétés traditionnelles aux vertus confucéennes, elles sont devenues des sociétés de consommation et de « gadgétisation », sous l'influence du style de vie américain (musique pop et *fast-food*). La vie de famille se déstructure, l'alimentation change, les rapports au sein de l'entreprise sont modifiés. Le base-ball, le football américain, et même les parcs Disney ont remplacé le *sumo* et les spectacles d'arts martiaux.

Hiérarchie et classes sociales en Occident

Contrat social, égalité, rivalité

La société occidentale est basée sur un contrat social tacite entre les citoyens, et leurs représentants politiques. Électeurs à part entière, les citoyens ont un grand pouvoir, celui de voter pour choisir leurs dirigeants. L'avantage de la démocratie est de donner à tous le même poids dans ce choix. À chaque élection, l'alliance entre le peuple et son gouvernement est confirmée ou infirmée. Le projet de société est redéfini en permanence, épousant les transformations du monde. Ce regard porte l'empreinte profonde d'une logique d'engagement. En Occident, le lien social solidaire n'est pas naturel, il est le résultat d'un choix volontaire.

Or l'Occident est ambivalent dans sa vision de l'humain. Pour les plus optimistes, « *l'état de nature* » est un état de droit et de confiance mutuelle. Les pessimistes, eux, trouvent la nature humaine agressive : « *L'homme est un loup pour l'homme.* » Il est en rivalité et en guerre avec les autres. Parce qu'ils sont égaux en talents, les hommes sont prêts à s'affronter, chacun pouvant prétendre à tout ce que les autres ont et désirent.

Cohésion, lien social, solidarité

La cohésion de la société est dans le contrat. Il est au cœur même de l'identité de l'Occident. Chacun abdique sa liberté individuelle souveraine pour la confier à des représentants chargés de faire régner l'ordre, la sécurité, la paix. Les hommes ne sont plus reliés « de fait » comme dans une famille, un clan, une tribu. Ils ont des liens « de droit » dont leur gouvernement est garant. La solidarité entre individus passe désormais par l'État, les élus, l'administration, puisque chacun a délégué son pouvoir aux représentants politiques.

L'idée de « *contrat social* » bouleversa la hiérarchie classique de la société. Avant la fin du XVIII\ :sup:`e` siècle, un roi de droit divin partageait le

Groupe Eyrolles

pouvoir avec une classe aristocratique. Ils étaient perçus comme supérieurs au « peuple », avec un devoir naturel de le gouverner. Les sujets de sa Majesté se répartissaient entre paysans, commerçants et bourgeois. La classe paysanne était inféodée à des nobles chargés de la protéger, les classes commerçante et bourgeoise cantonnées à un rôle purement économique.

Les gens appartenaient à leur communauté – famille, village, corporation professionnelle, Église… Ils avaient peu de liberté individuelle et se soumettaient naturellement à l'autorité de la classe dominante. Le pays ressemblait à une communauté de communautés. Dans ce contexte, les solidarités étaient des initiatives privées, comme les écoles et les hôpitaux créés et gérés par des religieux.

Collection d'individus, dynamique de groupes

Ce bouleversement de la structure sociale ne gomma pas l'idée de hiérarchie. Il en institua une autre. En Occident, aucune société n'a existé qui ne soit hiérarchisée. Inhérente à l'organisation sociale, la hiérarchie instaure une pluralité de statuts, plus ou moins élevés, selon un ordre de classement par valeur, richesse, pouvoir, prestige. Certains ont une position plus élevée que d'autres, définie selon leurs chances de recevoir des gratifications sociales.

Un des fruits de la démocratie fut simplement de réduire le nombre d'échelons hiérarchiques et les écarts entre eux. Elle fit émerger une importante classe moyenne que la révolution industrielle développa. La société fut stratifiée sur une échelle économique en fonction de critères de revenu et de patrimoine, sur une échelle de prestige selon le niveau d'études ou le prestige d'une profession, sur une échelle de pouvoir enfin sous l'angle dirigeants/dirigés ou dominants/dominés.

Groupe social, catégorie sociale

Un groupe social est un ensemble qui se forme naturellement, rassemblant des individus aux caractéristiques communes, professionnelles ou extraprofessionnelles. Le groupe n'est pas une collection d'individus, ils sont en relation et en interaction entre eux. Leur appartenance au groupe est visible et chacun en a une claire conscience.

Une catégorie sociale est un ensemble plus artificiel, collection d'individus homogènes, partageant des critères de situation professionnelle. Selon l'Insee, il y a huit groupes : agriculteurs exploitants ; artisans, commerçants et chefs d'entreprise ; cadres et professions intellectuelles supérieures ; professions intermédiaires ; employés ; ouvriers ; retraités ; autres personnes sans activité professionnelle.

En 1954, l'Insee définit les échelons hiérarchiques par des catégories socioprofessionnelles. Très vite, ces classifications ont explosé sous l'impact de la dynamique des groupes. Grâce à la démocratisation du savoir, les professions sont de moins en moins corrélées à des milieux sociaux différenciés.

Par exemple, un médecin peut venir d'un milieu ouvrier ou bourgeois. La hiérarchie professionnelle elle-même a été bousculée au fil du temps. Les notables d'hier – enseignants, médecins, petits commerçants, avocats – ont perdu une partie de la considération et de leurs privilèges, laissant parfois la place à des métiers manuels qui ont pu être revalorisés – boulangers, kinésithérapeutes, garagistes, restaurateurs, plombiers, viticulteurs.

La recomposition de la classe moyenne

À cela s'ajoute la crise économique des années quatre-vingt qui a contribué à faire éclater la classe moyenne, issue des Trente Glorieuses, représentant jusqu'à 60 % de la société. Le sentiment d'appartenir à cette classe s'est dissout progressivement, les attitudes, valeurs, comportements se diversifiant fortement.

Au cours des années, ce groupe a connu un remaniement en profondeur, structurant la société en une élite dominante – économique, politique, sociale, culturelle, intellectuelle, médiatique. Sorte d'aristocratie du savoir, elle est constituée de patrons, cadres supérieurs, professions libérales, grands commerçants, hommes politiques, responsables d'association, syndicalistes, experts, journalistes.

Une classe « protégée » a fait son apparition, constituée de tous ceux dont le revenu est assuré – fonctionnaires, salariés du secteur privé non concurrentiel, certaines professions libérales, retraités, préretraités. Vers le bas, elle a engendré un néo-prolétariat aux conditions de vie précaires.

La société actuelle a du mal à intégrer les plus vulnérables. Elle tend au contraire à les marginaliser, à les exclure de la vie professionnelle, voire culturelle et sociale. Vers le haut, elle a laissé la place à une néo-bourgeoisie – petits commerçants et patrons, employés et ouvriers qualifiés, certaines professions libérales comme les médecins, les avocats et architectes. Cette nouvelle strate dispose d'un pouvoir d'achat correct, bien qu'elle reste vulnérable à l'évolution de la conjoncture économique.

Une « classe » fracturée

Dans tous les pays occidentaux, la tendance va vers une paupérisation des classes moyennes. À partir de 1995, les Français parlent d'une « fracture sociale », creusant les écarts entre des élites riches aux vues mondialistes et une classe populaire appauvrie, aux tentations de repli identitaire. Les élites parfaitement à l'aise avec la mondialisation ont refusé de voir le malaise. Pourtant, plusieurs signes précurseurs pouvaient servir d'alerte : taux de chômage très élevé dans certaines parties du territoire, crise des banlieues, poids des fractures territoriales, montée du vote protestataire…

En 2005, le « non » des Français au Traité constitutionnel européen est un indicateur précieux du malaise des classes moyennes. Le rejet est massif, 60 % d'employés et 81 % d'ouvriers, quatorze ans après le « oui » au traité de Maastricht. Les milieux populaires seraient-ils en train de décrocher du système ?

À lire les travaux de la Fondation Jean Jaurès, la question est pourtant sérieuse. Une récente enquête s'intitule « Le descendeur social », ou comment la République, au lieu d'être une promesse d'ascenseur social, est devenue, pour une partie des citoyens, une menace de déclassement. Au lieu de protéger contre l'aspiration de la classe moyenne vers le bas, l'État semblerait l'institutionnaliser à travers le fonctionnement défectueux des services publics, de l'emploi ou de l'école.

« Chasser le naturel… », l'émergence de la tribu moderne

Autre caractéristique de l'Occident : la mode du tribalisme. Les classes sociales se sont progressivement atomisées en différents groupes qui partagent des modes de vie, attitudes à l'égard du monde, centres d'intérêt, valeurs. Ils se créent dans le monde « réel », à partir par exemple de lieux de vie, de vêtements, d'accessoires, de gestuelle, de langage spécifique, de héros… Les *hippies* des années soixante furent des précurseurs, partageant une même vision critique de la société de consommation et de l'individualisme. Les *baba cool* leur ont succédé, puis les *bobos*, dénonçant les inégalités sociales tout en vivant largement grâce à des revenus souvent élevés. Le sentiment d'adhésion à ces groupes est particulièrement fort, comme dans une tribu, avec des signes extérieurs distinctifs, des systèmes de pensées, de croyances et de sentiments bien visibles.

Le phénomène prend aujourd'hui une ampleur nouvelle grâce aux moyens de communication virtuels – Internet –, au téléphone mobile qui permet de rester connecté à son groupe vingt-quatre heures sur vingt-quatre, sept jours sur sept, quel que soit son territoire d'origine. Les membres de ces tribus d'un nouveau type n'ont plus besoin d'un territoire géographique commun pour être ensemble, échanger leur vision, partager leurs idées, organiser des rencontres virtuelles.

Ces tribus se définissent par leur « style de vie ». Elles reproduisent, en quelque sorte, les modes d'appartenance habituels – familiale, sociale, ethnique, religieuse, professionnelle, idéologique. Chacune de ces tribus est porteuse d'une part de la réalité sociale, sans pouvoir l'expliquer à elle seule. L'état de la société occidentale ne peut alors se comprendre que dans l'analyse distincte et complémentaire de ces nouveaux groupes.

Hiérarchie et classes sociales en Asie

Une structure sociale solide et codifiée

La plupart des sociétés asiatiques sont structurées de façon pyramidale. L'âge, la fonction, le rang de naissance permettent de répartir l'individu dans la société. Son rôle est positionné en fonction de ces éléments, comme nous l'avons déjà développé antérieurement. Avant d'« être » lui-même, d'avoir une existence propre, il est d'abord le fils, la fille, le neveu, la nièce, le petit-fils, la petite-fille de quelqu'un. L'individu sera alors « accepté » par sa famille de sang avant d'être reconnu dans sa communauté. Cette reconnaissance sociale lui confère une place dans la société. Il lui appartient sa vie durant de remplir sa place dignement et honnêtement.

Cette structure pyramidale est symbolisée dans le vocabulaire quotidien des langues asiatiques. En voici quelques exemples :

- En langue khmère, il existe au moins sept niveaux de vouvoiement : parfois les étrangers sont appelés *bang pro* (grand frère) ou *bang sreï* (grande sœur).
- En thaï, le bonjour s'adresse différemment à une femme, *sawat di kha*, ou à un homme, *sawat di krap*.

• Lorsque vous demandez à un Chinois ou un Japonais s'il a un frère ou une sœur, il vous répondra : « j'ai un frère aîné » ou « une sœur cadette ». Ainsi, dans sa réponse, il vous permet de le situer dans la hiérarchie familiale :
   – en chinois : *ge ge* (frère aîné), *di di* (frère cadet), *jie jie* (sœur aînée), *mèi mèi* (sœur cadette),
   – en japonais : *ani* (frère aîné), *otoüto* (frère cadet) ; *ané* (sœur aînée), *imoüto* (petite sœur).

Le contrat moral : l'homme solidaire

Face au contrat social à l'occidentale, l'Asie propose un contrat moral, basé sur la solidarité régie par l'appartenance au corps social : liens de famille, appartenance à la communauté… Toute relation se construit à partir de ce contrat moral tacite sur lequel tous s'accordent à compter sur la « bénévolence », la loyauté et l'assistance mutuelles. Le fait de pouvoir et de savoir compter sur les autres cimente profondément les liens tissés entre les membres du même groupe. Ayant disparu de la langue française, le terme « bénévolence » a gardé, dans le vocabulaire anglais, tout son sens de *« disposition naturelle à la bonté, à la tolérance et à la bienveillance envers autrui, avec le désir de le rendre heureux »*.

En Asie, l'homme n'est jamais solitaire, il est solidaire : il ne peut s'exclure du groupe auquel il appartient sans qu'il y ait volonté du groupe de l'extraire aux yeux des autres en raison d'une maladie ou d'un handicap. L'espace privé n'existe pas : l'espace appartient à tous. La philosophie asiatique affirme que l'homme doit vivre ses relations avec les autres, la collectivité, la société.

S'appuyant sur l'éthique confucéenne, la base de ce contrat moral est solidement fondée sur la répartition des rôles et du respect de ceux-ci dans la société. À l'égalité des droits réclamée par l'Occident, l'Asie propose la réciprocité des devoirs d'assistance aux membres de la société, selon le rôle de chacun. À l'amour paternel répond la piété filiale, la bienveillance des uns entraîne la reconnaissance des autres, à la justice rendue s'affirme sans détour la loyauté. Ces principes ne se préoccupent que de l'harmonie sociale, à l'instar de l'harmonie cosmique et de l'équilibre des éléments naturels. Les lois de l'organisation sociale doivent imiter et illustrer celles de la parfaite stabilité du monde régie par le *Yin* et le *Yang*, le Ciel et la Terre ainsi que le mouvement impermanent des saisons.

L'individu n'a d'existence que par son appartenance à la société. Confucius avait affirmé que « *le Prince doit agir en Prince, le père en père et le fils en fils* ». Ce sont donc les relations familiales qui soutiennent les rapports sociaux. Dans un ordre hiérarchique bien établi et codifié, chacun doit accepter les différences et les inégalités dans la société et rester à sa place.

Rappelons alors les cinq relations fondamentales distinguées par le philosophe, permettant ainsi de mieux comprendre leur influence sur les autres : celles entre le père et le fils, le prince et son sujet, l'époux et l'épouse, l'aîné et le cadet, entre collègues et amis. En raison de la prédominance conférée ici aux relations entre les membres de la famille, on comprend l'importance accordée au rôle de la famille dans la société confucéenne.

La famille est l'élément clé de tout l'édifice social, elle lui sert de ciment. De l'harmonie et du respect entre les membres de la famille dépend toute la stabilité sociale, les relations interpersonnelles entre ses membres traduisent celles qui régissent la société. Par conséquent à l'instar de la piété filiale dans la famille, la société s'appuie, elle, sur une autre vertu du confucianisme appelée *ren* qui, du fait de son humanisme, nous rapproche de la « bénévolence ».

Qu'est-ce le *ren* ?

C'est l'essence de l'humanisme confucianiste : la qualité la plus importante de l'homme de bien (*junzi*) qui s'oppose à l'homme de peu (*xiaoren*). À cette vertu, s'ajoutent la loyauté, la fidélité, la sagesse et le courage.

Mutations douces ou transformations radicales ?

De tous les pays asiatiques, le Japon est le seul à subir au plus profond de sa chair et de son ossature les mutations bouleversantes de sa société. En raison de son avancement économique trop rapide et du rôle de son économie dans le monde, il n'a pas hésité à s'acculturer avec des valeurs venues d'ailleurs. Comment le Japon peut-il à la fois copier les techniques occidentales et garder intacte son identité culturelle, sans perdre une part de son âme ? Elle se trouve à la croisée des chemins entre traditions et modernité.

La société japonaise, profondément enracinée, ancrée dans de rigoureuses traditions morales datant du temps des *samouraïs*, se trouve face aux défis sociaux, créés depuis les années 1990 par la récession économique. Après la période florissante des années 1980 hissant son économie parmi les premières du monde, le Japon semble se chercher une troisième voie, entre une « société contrôlée » enfermée dans le poids de ses traditions et une société d'information dominée par l'Internet qui pourrait le projeter dans le prochain siècle. Seulement, est-il prêt ? Précisons que l'Internet, dans son utilisation première, pourrait s'opposer aux habitudes de convivialité et de consensus culturels des Japonais.

De même, dans la vie politique, tradition et modernité s'entremêlent, l'empereur n'est plus divin, mais reste un symbole vivant d'unité. Malgré la puissance de l'État, les premiers ministres et même les dirigeants de grands groupes économiques n'hésitent pas à assumer publiquement leur responsabilité et à démissionner. Les pratiques traditionnelles d'emploi à vie et de promotion par la séniorité sont progressivement remplacées par des contrats à plus court terme. Les *salarymen* japonais, devant le mal vivre et le stress, finissent par subir le *karoshi* ou mort par surmenage.

Le bouleversement des fondations sociales est surtout visible dans le nouveau comportement des femmes qui réclament un nouveau rôle,

Groupe Eyrolles

autre que celui d'épouse et de mère dans cette société régulée et dominée par les hommes.

En ce qui concerne le rôle que se cherche la jeunesse japonaise, face à un système d'éducation basé sur une sélection rigoureuse et drastique, les jeunes sont perturbés et se réfugient dans un monde imaginaire afin d'échapper à la rude réalité. Ils se prennent pour des personnages de *manga* et s'inventent des aventures, fabriquent des visions qui peuvent les mener jusqu'au suicide.

La société japonaise semble être submergée par des courants contradictoires dus à la combinaison de plusieurs phénomènes : la récession économique des années 1990, la révolution « douce » des femmes, la perte d'identité de la jeunesse japonaise qui ne trouve pas sa place et une dénatalité inquiétante.

On peut voir se développer de nouvelles tendances de comportements, soit parmi les jeunes, soit dans la classe des cadres féminins. Mais où est donc l'homme japonais, qui avait l'autorité et le pouvoir sur tout se qui se décidait ?

Les femmes, elles, ont maintenant leurs *host clubs*, ou *lady's clubs*. Elles y sont accueillies, adulées, servies par des *shimeishas*, version masculine des *geishas*. Illusion peut-être, mais elles ont le sentiment de dominer « enfin » le genre masculin.

Individualisme et collectivisme en Occident

La dichotomie occidentale

L'articulation entre individualité et collectivité se vit souvent dans une opposition de contradiction, assez binaire. Il y aurait deux voies, celle de la quête du bien propre, forcément égoïste et exclusif et celle de la recherche du bien collectif, au détriment du bien personnel.

Toute dialectique politique réside dans la résolution de ce conflit possible entre bien individuel et bien collectif. Selon les régimes, l'un est privilégié sur l'autre. Un système totalitaire ou collectiviste écrasera l'individualité pour accomplir le bien du groupe. Un système libertaire valorisera les biens des individus au détriment du bien de tous.

Motivés par l'intérêt général

« Si je savais quelque chose qui me fût utile, et qui fût préjudiciable à ma famille, je le rejetterais de mon esprit. Si je savais quelque chose qui fût utile à ma famille et qui ne le fût pas à ma patrie, je chercherais à l'oublier. Si je savais quelque chose d'utile à ma patrie et qui fût préjudiciable à l'Europe et au genre humain, je le regarderais comme un crime. » Montesquieu est notre guide, choisissant de privilégier l'intérêt général le plus large. Le concept apparaît au XVIIIe siècle, son sens aux contours imprécis se comprend instinctivement.

Somme des intérêts particuliers ? Oui si l'on considère qu'une société est une collection d'individus, une agrégation d'intérêts privés de nature conflictuelle. Telle est la sensibilité américaine qui place le rôle de l'État dans une position d'arbitrage. Chacun avouant poursuivre son bien privé peut reconnaître à l'autre le droit d'en faire autant. Même si les intérêts sont divergents, une négociation s'engage pour définir un intérêt commun, construit sur un partage des différents points de vue. Les protagonistes accepteront alors de renoncer à une partie de leurs intérêts particuliers.

La sensibilité française est plus idéaliste. Une addition d'intérêts particuliers ne donnera jamais l'intérêt général. Un intérêt propre à la société existe, supérieur à la collection des intérêts privés. C'est le fameux bien public dont l'État a la charge. De bonne foi, chaque parti ou homme politique croit qu'il possède la vérité sur le bien public et la façon convenable de le réaliser. Le jeu sera alors d'essayer d'imposer sa façon de penser, de persuader de la justesse de sa vision de la société, de la pertinence de son projet politique. Pour convaincre les électeurs, ils utiliseront cet idéal comme une force d'action puissante qui capte les esprits et mobilise les foules. Dans leur désir d'incarner la souveraineté du peuple qui leur fait confiance, ils essaieront de répondre à la volonté générale. Mais que veut le peuple ? Qui peut le dire ? Les sondages, les élections, les élus ?

Le débat public à l'occidentale

La poursuite de l'intérêt général génère un débat public, articulé autour de l'erreur d'autrui et de la justesse de sa propre position. Si ma conception de l'intérêt général est la bonne, ceux qui ne pensent pas comme moi ont tort. Un soupçon pèse alors sur eux, leur conception masque une intention sous-jacente de servir les intérêts particuliers d'une seule catégorie de citoyens.

Le débat politique se joue sur un mode dialectique binaire. La droite se voit régulièrement accusée par la gauche de sacrifier l'intérêt général aux intérêts particuliers – patrons, agriculteurs, petits commerçants. La gauche est supposée, pour sa part, défendre l'intérêt des fonctionnaires contre l'intérêt général. Chaque catégorie socioprofessionnelle, relayée par les partis politiques, considère bien sûr son intérêt comme conforme à l'intérêt général. Les fonctionnaires clament la sauvegarde de leurs intérêts comme nécessaire à leur mission. Les entrepreneurs font valoir qu'ils créent la richesse du pays. Les agriculteurs soulignent qu'ils nourrissent le peuple. Tous considèrent qu'ils sont porteurs de l'intérêt général. Les autres sont alors suspectés de défendre l'intérêt égoïste d'une catégorie.

Vous avez dit « compromis » ?

Si poursuivre son intérêt particulier est forcément égoïste, on devient moraliste et celui qui refuse de sacrifier son intérêt propre est jugé sans ménagement. Dans ce contexte, comment la société occidentale réalise-t-elle l'unité ?

Par la pratique du compromis, attitude positive et réaliste pour les Anglo-saxons qui tiennent compte de la réalité des intérêts particuliers de chaque protagoniste. On ne cherche pas d'abord à faire l'unité autour de principes, on recherche l'efficacité. L'État n'a pas un rôle de censeur chargé de subordonner les intérêts particuliers à l'intérêt général. Il a plutôt un rôle de veilleur pour favoriser les initiatives privées, défendre les intérêts particuliers, arbitrer entre les intérêts privés antagonistes. L'intérêt général émerge de la diversité des intérêts particuliers, il se construit ensemble, à la fois sur la richesse de chacun et ses renoncements nécessaires au service de l'intérêt général.

Pour les idéalistes, le compromis politique est plus difficile, car connoté négativement. Il sonne comme une compromission, avouant que l'on n'a pas été assez fort et puissant pour imposer à l'autre sa position. Il ne se présente pas sous l'angle du renoncement à l'égoïsme, mais sous celui du reniement de ses valeurs, de la pureté de son idéal, donc de son intégrité morale. Refuser le compromis devient une façon d'accomplir son idéal moral. En témoignent les arguments des adversaires du Traité constitutionnel ou de l'historique CPE (contrat première embauche).

L'alternative du bien commun

Entre idéalisme et pragmatisme, existe-t-il une troisième voie ? Tout dépend de la façon de voir la société politique. Est-elle une collectivité, ou une communauté ?

La collectivité relève d'un groupe, d'une collection d'individus, les uns à côté des autres, partageant des points communs. Par exemple, une file d'attente à une station de bus est déjà un collectif. Chacun emprunte le même moyen de transport, il y a une communauté de direction, mais pour des intérêts privés bien différents. Un lien social existe entre les voyageurs, mais ce lien est très en surface. L'engagement entre eux est limité au temps du trajet, l'intérêt général du bus servant leur propre intérêt. La communauté est au-delà. Toujours un ensemble de personnes, mais qui partagent en profondeur : un héritage, une culture, une façon de voir, un but.

La différence entre le banquet au restaurant et le self-service de la cafétéria illustre parfaitement ce point. À la cafétéria, il y a partage de l'espace, du temps, les clients se servent, ils mangent ce qu'ils ont choisi au buffet, assis côte à côte, face à face, communicant ou non avec leur voisin. Le banquet, c'est autre chose. Chacun a fait l'expérience d'un banquet réussi. On y partage l'espace de la table, le temps du repas. On se nourrit de mets communs préparés et servis avec soin, on participe aux conversations, aux échanges, selon ses qualités personnelles – écoute, disponibilité aux autres, expression personnelle, histoires drôles… Si on est venu pour donner et pour recevoir, on recevra beaucoup de joie en retour, sans commune mesure avec le plaisir de déguster des plats seuls au coin d'une table.

L'exemple du banquet

La différence ? Le banquet s'inscrit dans la recherche d'un sens plus élevé. Il célèbre une histoire commune, un événement porteur d'un avenir que l'on espère commun. Le bien de la petite communauté rassemblée pour manger apparaît comme supérieur au bien privé de chacun. De sorte que tous sont venus pour recevoir et pour donner. La joie naît de cet équilibre. Dans un banquet, pas de compromis possible. Ceux qui viennent uniquement pour recevoir « aspirent » le bien commun, le réduisant à leur bien propre. Ceux qui ne participent que pour donner viennent souvent pour montrer leur grandeur, capter l'attention, au détriment aussi de la communion. Le maître de la table n'est là que pour réguler. Il veille à ce que la dynamique du donner et du recevoir soit commune et partagée. Ainsi, personne ne sera lésé.

Cette troisième voie est étroite, les difficultés sont nombreuses. La plus ardue est certainement le changement de regard des membres de la communauté. Il s'agit de révolutionner tout le système de croyances, de pensées, de sentiments à propos du bien commun. Le bien de mon pays, de ma ville, de ma catégorie socioprofessionnelle, de ma tribu, de ma famille est plus élevé que mon bien privé. De surcroît, il n'est pas antinomique ou contradictoire. En le cherchant, en contribuant à le réaliser, je suis sûr que mon bien personnel se réalisera aussi. Point de sacrifice ou de renoncement à faire, juste la conscience que si mon action vise l'accomplissement d'un bien commun à plusieurs personnes, elle a plus de chance de me conduire au bonheur.

Dans cette optique, le lien social se tisse, se retisse, lentement mais sûrement, car on n'oppose plus entre eux les personnes, les territoires, les races, les générations, les hommes et les femmes. On donne du sens à la différence en l'intégrant dans une visée plus large, plus généreuse, et finalement plus efficace.

L'exigence du consensus

Le bien commun ne se satisfait pas d'une logique de compromis. Il a besoin du consensus. Tous les acteurs de la société sont invités à travailler pour se réunir autour non seulement de faits – mon intérêt, ton intérêt, son intérêt –, mais de principes, de valeurs, de sentiments.

La lente élaboration des valeurs communes permet d'inscrire les intérêts privés au service des valeurs de groupe. Il s'agit de « notre intérêt », dans lequel aucun intérêt privé ne doit être lésé ; un temps de réflexion doit être donné à chaque citoyen, chaque communauté intermédiaire, pour subordonner en toute liberté son bien personnel à la supériorité du bien commun.

Les sentiments doivent être respectés, pris en considération. Dans la société civile, certains individus et groupes ont pu être blessés par elle. Injustice dans la façon d'avoir été traité par les élus, l'administration ou d'autres concitoyens ; exclusion basée sur des peurs infondées, des délations malsaines. Dans un pays, tenir compte de l'histoire des citoyens et des communautés est une preuve d'intelligence pour s'adapter à chacun et donner l'envie d'appartenance. Les lois ne suffisent pas, les règlements administratifs non plus. La logique des faits est rude. Il faut savoir mettre de la compréhension et de la souplesse pour rejoindre les plus vulnérables et, parfois même, réparer pour ce que d'autres ont fait subir.

Groupe Eyrolles

L'épanouissement du citoyen

Pourquoi ne pas penser le développement du citoyen comme on le fait pour les personnes ? Ce développement est une condition indispensable pour l'accomplissement du bien commun. Difficile à réaliser dans un paysage où l'éthique est plurielle ! Or certains chemins éthiques disposent mieux que d'autres au bien commun. Ils reposent en grande partie sur une attitude complexe : le désintéressement.

Le formidable essor des organisations caritatives est là pour témoigner que cette attitude n'est pas étrangère à la modernité. La charité chrétienne qui portait « naturellement » l'homme au secours de son prochain a été remplacée par l'avènement de l'individualisme laïc. Mais pour l'un comme l'autre, la problématique est la même. S'il y a sacrifice de son égoïsme pour viser le bien commun, le sacrifice ne peut plus être imposé du dehors, ou bien lié à l'appartenance à une classe sociale ou à une condition. Il est individuellement et librement consenti, ressenti comme une nécessité intérieure de donner du sens.

Donner de l'autonomie aux individus va jusque-là. Le dévouement à l'autre n'est plus l'effet obligé du devoir. Il ne dépend pas d'un sentiment communautaire irrépressible. Pour la première fois dans l'histoire de l'humanité, il trouve sa source exclusive dans le cœur de l'homme. La reconstruction du bien commun viendra par l'accompagnement des personnes pour leur permettre un passage, celui d'une éthique libertaire, du ressenti, à celui d'une éthique de l'altérité, en évitant les régressions intellectuelles et morales vers une éthique rigoriste.

Individualisme et collectivité en Asie

Une culture filigranée

En Asie, l'individu n'existe que dans un groupe, son rôle et sa place sont fixés par son appartenance à cet ensemble. Il est d'abord membre de sa famille au sein de laquelle il a une fonction déterminée par son rang de naissance, puis membre d'une communauté avant d'être citoyen de la nation. C'est un ensemble formé de cercles concentriques dont le noyau central est la famille. Ce qui explique les liens étroits reliant les membres entre eux, permettant à la fois de renforcer la solidité du tout et de maintenir l'équilibre entre les cercles.

Du fait de son éducation confucéenne, l'homme asiatique, en particulier dans les pays d'influence chinoise (la Corée, le Japon, Taiwan, Singapour, le Vietnam) privilégie le bien du groupe, l'intérêt collectif à son bien propre. Il n'aura de réussite, soit professionnelle soit personnelle, que dans le groupe.

En effet, l'enseignement de Confucius s'appuie sur un système éthique et moral qui commence par une éducation basée sur le respect et l'obéissance au sein de la cellule familiale. Ensuite, modelées par ces principes très stricts, les relations interpersonnelles entre les membres de la même famille détermineront les comportements de chacun dans un cercle plus large qu'est la communauté. En appliquant ces principes, l'homme ne peut que devenir meilleur et vertueux, contribuant à disséminer des valeurs de respect et d'obéissance dans un cercle plus large, la société.

Ces principes se perpétuent en filigrane dans la vie quotidienne parce qu'ils sont très profondément ancrés dans les racines de la société. Invisibles, ils sont pratiqués au jour le jour, surtout dans les milieux populaires et à la campagne. C'est la culture du culte des ancêtres et du respect aux parents.

Le regard de la société

C'est au sein de la famille que les enfants asiatiques apprennent dès leur plus jeune âge leurs obligations en tant que membres, ils savent qu'ils sont constamment soumis au regard des aînés et des cadets. Les aînés devant servir d'exemple aux cadets qui respectent leur place. En plus des parents et grands-parents, les enfants sont soumis au regard des tantes, des oncles, des cousins et cousines. Ils apprennent ainsi à s'auto-discipliner, à se surveiller mutuellement, afin que l'harmonie de la famille soit respectée. Ils sont tous membres de la même famille, portant le même patronyme qui ne doit à aucun prix être entaché.

Par extension, les Asiatiques, ainsi modelés suivant le schéma familial, savent que leurs actes et paroles sont également soumis au regard d'une communauté plus large qu'est la société.

La face ou la honte

Le regard social renvoie sur chaque membre de la société l'image qu'elle veut qu'il lui présente : « vertueux et irréprochable ». Il développe autour de ce dernier une espèce d'enveloppe invisible, mais nécessairement conforme à l'attente de la société, afin de le protéger de lui-même et des autres. D'où l'idée de « honte » s'il lui arrive de « perdre la face » ou de faire perdre la face à un autre membre. La notion de face est tellement forte qu'elle peut atteindre plusieurs générations si la faute est excessivement grave.

Les Asiatiques ne se sentent pas coupables, mais responsables de leurs faits et gestes, non seulement vis-à-vis d'eux-mêmes, mais surtout vis-à-vis de leur entourage, conduisant ainsi à une société fondée sur des devoirs et non des droits. Ce concept de honte dans les cultures collectives comme en Asie confère à ce sentiment social un sens contraire à celui de culpabilité provenant des cultures individuelles de l'Occident. Si un seul membre enfreint une règle interdite, la honte se répand sur tout le groupe, surtout lorsque cette faute est connue des membres extérieurs au groupe.

> *« Si l'on conduit le peuple au moyen des lois et qu'on réalise la règle uniforme à l'aide de châtiments, le peuple cherchera à éviter les châtiments mais il n'aura pas le sentiment de la honte (chi). Si on conduit le peuple au moyen de la vertu et qu'on réalise la règle uniforme à l'aide des rites, le peuple acquerra le sens de la honte (chi) et en outre deviendra meilleur. »*
> CONFUCIUS

Un consensus obligé

Les conflits ne sont jamais visibles, ouverts, directs : l'harmonie doit être maintenue, du moins à la surface. Tout doit sembler lisse et parfait, surtout aux yeux de ceux qui sont extérieurs au groupe. La société doit être à l'image du cosmos, l'équilibre n'est possible que si les « mille êtres » respectent cet ordonnancement.

> *« Mais si l'on brise la beauté de l'univers,*
> *Si l'on morcelle la structure des êtres et des choses,*
> *Si l'on réduit la vision intégrale des Anciens,*
> *Comment appréhender les splendeurs de l'univers ? »*
> LUNYU, Entretiens de Confucius, 2, 3

Le consensus social est également renforcé par le sentiment de fidélité de l'individu envers sa communauté proche. Celui-ci permet de soutenir les structures familiales, lieu de transmission de l'héritage et des coutumes traditionnelles.

La démarche d'harmonie régit tous les rapports dans la société : l'homme à lui-même, aux autres et à la nature. Pour ces raisons, un désaccord entre les membres de la famille, du groupe, de la société n'est pas concevable.

L'homme, dans sa réalité sociale, ne peut s'accomplir que dans cette harmonie universelle. Selon Simon Leys, *« la pratique des arts constitue une mise en œuvre concrète de cette vocation d'universalité, de cette suprême mission d'harmonie, que la sagesse chinoise assigne à l'honnête homme : il s'agit pour celui-ci de dégager et retrouver l'unité des choses, de mettre le monde en ordre, de s'accorder au dynamisme de la création ».*

Culture urbaine, culture des gadgets : oser s'affirmer

La collectivité, voire la solidarité, face à la mondialisation et à ses effets, tend à perdre de son importance et de son poids séculaire. Elle se trouve compressée devant ce rouleau de la consommation et d'un nouveau mode de vie créé, réclamé par celle-ci.

La génération des 20-30 ans de pays tels que la Corée ou la Chine n'a connu que les années de croissance, alors que leurs parents ont vécu à des degrés divers des années de pauvreté et de révolution culturelle. C'est la première génération qui peut s'enrichir, voyager librement et, surtout, profiter d'un pouvoir d'achat de plus en plus élevé et facile. C'est également la génération vivant les effets de la mondialisation, de l'Internet, des téléphones portables et de la consommation facile.

Les jeunes Japonais, Coréens ou Chinois considèrent le gadget et les produits dérivés de jeux vidéo comme une manière de se démarquer, d'affirmer leur différence, de s'exprimer. Pour s'échapper du poids de la collectivité et du conformisme, ils ont maintenant l'occasion de sortir du groupe et de conforter leur position de consommateur privilégié. Ils ont besoin de ces gadgets qui leur confèrent un sens d'individualité. C'est leur domaine à eux où les parents n'ont aucun droit, aucune autorité d'accès. Ils les utilisent pour recréer leurs propres rapports sociaux, pour communiquer entre eux par Internet ou par téléphones portables.

Les jeunes Asiatiques s'affirment déjà dans leur façon de consommer des produits occidentaux mettant en valeur leur réussite et leur nouvelle indépendance financière.

Le regard social est d'autant plus important ici que les jeunes Chinoises n'hésitent pas à changer des parties de leur corps. La nouvelle tendance est de se faire débrider les yeux et refaire le nez. Leur rapport au corps n'est plus celui transmis par les ancêtres, qu'il faut garder entier, mais devient un rapport à un objet à regarder et à décorer avec des gadgets extérieurs. Le but est devenu le « paraître », au lieu de l'« être ». Il importe ici de séduire, de ressembler aux figures de mode présentées dans les magazines. C'est le superficiel, l'apparence qui prime sur les racines de l'être.

« *Devenir riche, c'est accéder à la gloire.* » Le slogan de l'ancien président Deng Xiaoping est bien suivi à la lettre. Dans Beijing, il n'est plus étonnant de voir, à côté des vélos encore innombrables, des voitures

261

sophistiquées, telles que Mercedes ou BMW, supposant par conséquent un train de vie supérieur à la normale.

Soumis à la concurrence féroce et devant faire de plus en plus leurs preuves, les jeunes n'ont plus le temps de contempler la nature et de s'en empreindre afin de ne faire qu'« un » avec elle, selon la philosophie taoïste. En raison de la mondialisation et des défis qu'elle lance à ces jeunes « loups », les valeurs traditionnelles perdent de l'importance et ne les attirent plus.

La jeunesse asiatique veut aller aussi vite que le clic de la souris pour s'enrichir et accéder ainsi aux biens de consommation qui sont maintenant à la portée de sa bourse. Dans cette nouvelle société urbaine, fragmentée et dominée par des gadgets, attirée par le bien matériel et le gain sans effort, les valeurs traditionnelles de morale confucéenne, de solidarité familiale, de respect de l'autorité sont-elles en perte de vitesse ? Les jeunes générations sont davantage liées à une nouvelle idéologie, celle de la surconsommation, à l'instar des jeunes Occidentaux, allant jusqu'à les imiter. Pour mieux leur ressembler, les jeunes filles asiatiques se teignent les cheveux en châtain clair.

Cette génération va former la société de demain. Va-t-elle poursuivre les traditions confucéennes de respect à l'autorité et des devoirs envers la société transmises par les parents, ou va-t-elle proposer, voire imposer, des modes de vie calqués sur l'Occident ?

Afin d'empêcher une dérive vers un individualisme qui pourrait mettre en péril son autorité, le gouvernement chinois a réhabilité le confucianisme et ses principes de valeurs traditionnelles.

Quels remèdes philosophiques ?

Le bouddhisme engagé peut-il répondre aux problèmes de la société du XXIe siècle et contribuer à une société plus juste et équitable ? Nouveau courant de pensée bouddhiste, il est né de la rencontre entre les idéaux de l'Orient et de l'Occident, l'un porteur d'une tradition de délivrance intérieure, l'autre d'une tradition de démocratie politique et sociale.

« *Nous autres bouddhistes occidentaux, bâtissons sur une tradition de responsabilité sociale qui existe depuis Moïse, Jésus et Platon mais aussi sur une autre tradition de droiture qui s'est formée dans des monastères de yogis, de taoïstes, de bouddhistes ainsi que dans les institutions confucianistes. Par cette synthèse, le bouddhisme en Occident est assuré d'appliquer l'éthique d'une nouvelle manière* », a écrit Robert Aitken, l'un des pionniers de ce nouveau courant.

Mutant, mutin, mouton ?

Mutant ? Vous êtes pour la modernité, vous travaillez à faire disparaître les tabous, pratiquant le « socialement incorrect » avec humour. Vous percevez l'État comme une limite à votre liberté. Le monde est votre domaine, vous pensez européen, l'existence de nations ou régions n'a pas de sens. Vous êtes passionné de mode, à la recherche d'émotions fortes et d'aventures. La science et la technologie vous font rêver, le virtuel vous apparaissant plus riche que le réel. Vous avez une vision optimiste de l'avenir et faites confiance en l'intelligence humaine. Vous considérez que l'économie mène le monde et que c'est grâce à elle que l'on pourra faire le bonheur des peuples et réduire les inégalités entre les hommes.

Mutin ? Méfiant envers les adorateurs du changement, vous réagissez en inventant des contre-tendances. Vous avez une vision géographique du monde, insistez sur le nationalisme et le régionalisme. Vous ne refusez pas la modernité mais vous ne souhaitez pas perdre les avantages acquis. Vous rejetez l'harmonisation des cultures et l'uniformisation des modes de vie. Vous pratiquez la réflexion, la lenteur, le « socialement correct ». Vous prônez l'égalitarisme et le retour à l'ordre moral. Vous avez l'esprit critique et n'hésitez pas à manifester contre les envahisseurs que sont pour vous l'Amérique, l'Internet, le bœuf britannique ou les fraises d'Espagne. L'économie vous rebute car vous avez le sentiment qu'elle oublie l'humain.

Mouton ? Vous n'avez pas pris position dans le débat sur l'avenir parce que vous ne voyez pas clair sur les mouvements du monde. Vous avez un sentiment croissant d'insécurité, une difficulté à vous maintenir dans le système social, une aversion pour les élites de la nation. Vous êtes attiré par les discours populistes et simplificateurs. Vous êtes plutôt suiveur, mais dans l'environnement actuel, complexe et changeant, vous ne savez pas trop qui suivre. Vous préférez vous replier sur votre sphère domestique et faire le gros dos en attendant que la situation s'éclaircisse et que les perspectives d'avenir semblent plus favorables.

Certainement un peu des trois… Si les mutants tirent la société vers l'avenir, les mutins ont un rôle important de garde-fou nécessaire contre le risque d'horreur économique et technologique. Quant aux moutons, ils sont des citoyens comme les autres et leur voix pèse à égalité dans les débats de société en cours.

Mots clés

En Occident ———————————————————— **En Asie**

En Occident	En Asie
Démocratie	Société collective
Loi	Rôle de chacun
Liberté	Solidarité
Peuple	Communauté
Classe sociale	Devoir
Égalité	Accomplissement
Intérêt général	Hiérarchie
Bien commun	Mutation
Débats politiques	Bouleversement
Mutation	Démocratie

Groupe Eyrolles

Épilogue

De retour à l'hôtel, Arnaud reste perplexe de tout ce qu'il a vu et res-senti, de la Chine au Japon, en passant par Taiwan, le Vietnam, la Thaïlande…

Il rentre en France bientôt. Tout lui revient en force, par vagues. Mais pour revenir avec des pensées plus douces et mélancoliques, il a choisi Angkor la « ville royale », pour sa dernière étape en Asie. Il rêvait, comme Pierre Loti, de contempler du « fond des forêts du Siam, l'étoile du soir se lever sur les ruines de la mystérieuse Angkor ». Il voulait con-naître le Cambodge, pays d'accueil et d'authenticité. Les Cambod-giens, ou Khmers, sont réputés pour leur talent ancestral dans l'art de travailler l'argenterie. Favorable au commerce équitable, Arnaud voudrait rapporter quelques échantillons.

Conclusion

Lorsque deux mondes se rencontrent qu'en pouvons-nous attendre ? Surprise, choc culturel, incompréhension, hésitation, rejet, empathie ? Le chemin est long jusqu'à l'acceptation de l'autre. Souvent, nous ne sommes conscients de notre propre culture que lorsque nous nous trouvons face à l'autre qui prie, pense, agit, mange, et même s'habille différemment.

De la rencontre de l'Asie et de l'Occident, peut et doit naître un courant, un fluide, d'idées et d'énergie permettant à chaque culture de s'enrichir de l'autre.

L'Asie n'a certes pas attendu la globalisation pour développer des échanges économiques avec l'Occident. Cependant, il n'en est pas de même des échanges culturels, en raison peut-être de la barrière des langues, de la méconnaissance de l'autre, ainsi que des stéréotypes qui ont faussé toute compréhension mutuelle.

L'Asie a donc besoin de l'Occident pour se promouvoir, l'Occident a besoin de l'Asie pour mieux se retrouver. Chacun a besoin de l'autre pour mieux se découvrir et s'accepter.

Lorsque nous avons relevé le défi de l'écriture de ce livre, nous n'étions pas conscientes des remises en question qu'il nous faudrait accepter pour unir nos deux voix, de la charge de travail qu'il nous faudrait assumer, de l'émotion et de l'amitié qui en naîtraient. Aujourd'hui, nous sommes heureuses de l'ouvrage accompli.

Nous nous sentons plus riches de nous-mêmes et de l'autre, l'écriture nous a permis à toutes les deux d'aller à la recherche au plus profond de nous-mêmes pour, ensuite, le partager avec l'autre... le partager avec vous.

Bibliographie

ANATRELLA, Tony, *Non à la société dépressive*, Flammarion, 1995.

ARISTOTE, *De l'âme*, Hachette, 1992, 2001.

BERGSON, Henri, *L'évolution créatrice*, PUF, 1998.

BERNE, Éric, *Que dites-vous après avoir dit bonjour ?*, Sand & Tchou, 1999.

CAILLOUX, Geneviève, CAUVIN, Pierre, *Deviens qui tu es*, Le souffle d'or, 2004.

CAUQUELIN, Josiane, *L'énigme conjugale : femmes et mariage en Asie*, Collection anthropologie, PUBP, 2000.

CHENG, Anne, *Entretiens de Confucius*, Le Seuil, 1985.

CHENG, Anne, *Histoire de la pensée chinoise*, Le Seuil, 1997.

CHENG, François, *Le dialogue*, Desclée de Brouwer, 2002.

CHENG, François, *L'éternité n'est pas de trop*, Albin Michel, 2002.

CHENG, François, *Soufle-Esprit*, Le Seuil, 2006.

CYRULNIK, Boris, *Le murmure des fantômes*, Odile Jacob, 2003.

DOLTO, Françoise, *Lorsque l'enfant paraît*, Seuil, 1999.

FERRY, Luc, *L'Homme-Dieu ou le sens de la vie*, Grasset, 1996.

FRANÇOIS-LAUGIER, Marie-Claude, *Comment régler ses comptes avec l'argent*, Payot, 2004.

GARRIGUE, Anne, *L'Asie en nous*, Philippe Picquier, 2004.

HABER, Daniel, *L'Occident face à l'Asie pour un management vraiment global*, Vuibert, 2005.

HALMOS, Claude, *Parler, c'est vivre*, Nil, 1997.

KAKUZÔ, Okakura, *Le livre du thé*, Philippe Picquier, 2006.

KAUFMAN, Jean-Claude, *Casseroles, amour et crise ?*, Collin, 2005.

LAO-TSEU, *Tao-To King*, Gallimard, 1967.

LEVI, Jean, *Confucius*, La Martinière, 2004.

LÉVINAS, Emmanuel, *Humanisme de l'autre homme*, LGF, 1987.

LOTI, Pierre, *Voyages (1872-1913) : un pèlerin d'Angkor*, Robert Laffont, 1991.

MINGUET, Hugues, DHERSE, Jean-loup, *L'Éthique ou le Chaos*, Petite Renaissance, 2007.

MONTBOURQUETTE, Jean, *Comment pardonner*, Bayard, 2001.

PIEL, Jean, *Corée, tempête au pays du Matin-Calme*, Philippe Picquier, 1998.

PLATON, *Le Banquet*, Flammarion, 1999.

RICARD, Matthieu, et THUAN, Trinh Xuan, *L'infini dans la paume de la main : du Big Bang à l'Éveil*, Fayard, 2000.

WEI Aoyu, « Valeurs confucéennes et valeurs asiatiques dans l'émergence de l'Asie de l'Est : Survivance ou non de ces valeurs à l'époque moderne », Les Amis de l'université de la Réunion, 24 juillet 2005.

YUTANG, Lin, *La sagesse de Confucius*, Philippe Picquier, 2006.

ZONGSAN, Mou, *Spécificités de la philosophie chinoise*, Le Cerf, 2003.

Index des noms propres

Groupe Eyrolles

Index général

Groupe Eyrolles